„Vođstvo, kao i drugi darovi Duha, služi za odgoj Hristovog tela. Pavle je jasno rekao Titu da stvari u crkvi ne stoje dobro ako nije uspostavljeno valjano vođstvo. Većina nerešenih problema crkvenog života može se povezati s manjkavim vođstvom. Džerami Rini na svež i jasan način obrazlaže ono što Biblija govori o identitetu i ulozi starešine mesne crkve. Ovo je knjiga koja će koristiti starešinama ako je budu čitali zajedno, a može da pomogne i zajednici da se moli za svoje vođe i da ih podržava kako bi im služba bila radost, a ne teret.“

Alister Beg, vodeći pastir crkve *Parkside Church* iz Klivlenda u Ohaju

„Džerami Rini je dokazao da se o položaju i službi crkvenih starešina može istovremeno pisati i sveobuhvatno i sažeto. Ova knjiga je izvanredno vredna! Poučna je, a pritom približava čitaoca Bogu i pastiru pomaže da voli Isusa i njegovu crkvu. Ne mogu da se setim nijedne druge knjige o ovoj temi koju je tako lako podeliti s drugima.“

Džared Vilson, pastir crkve *Middletown Springs Community Church* iz Midlton Springsa u Vermontu; pisac knjiga *Gospel Wakefulness* (Razbuđenost evanđeljem, prim. prev.) i *The Pastor's Justification* (Pastirovo opravdanje, prim. prev.)

„Da li čeznete da u svojoj crkvi posmatrate sve veću pobožnu skupinu zrelih muškaraca koji rade uz punovremene pastire i s njima se pastirski staraju za zajednicu, poučavajući je i obučavajući da čini učenike? Biblijski oštra, mudra i srdačno napisana, ova knjižica govori o prijateljskoj prirodi crkvene službe i vođstva. U njoj ćete naći mnogo toga što će vas ohrabriti, usmeriti i podstaći na preispitivanje bez obzira na vaše stanovište o načinu na koji treba postavljati, ustrojavati ili zvati starešine.“

Toni Pejn, direktor izdavaštva službe *Matthias Media* i koautor knjige *Špalir i loza*

Naslov izvornika:

Church Elders: How to Sheperd God's People Like Jesus

Kopirajt © 2014 Jeramie Rinne

Izdavač:

Crossway

1300 Crescent Street

Wheaton, Illinois 60187

Izdavačko pravo za Srbiju:

Hrišćansko udruženje „Projekat Timotej"

tel.: +381 69/712–470

projekattimotej@gmail.com

www.projekat-timotej.org

Za izdavača: Riste Micev

PROJEKATIMOTEJ

Prevod: Matej Delač

Lektura i korektura: Predrag Jovanović

Prelom teksta i priprema za štampu: Matej Delač

Dizajn korica: Stefan Vika

Štampa: Spirit, Novi Sad

Tiraž: 300

9Marks ISBN 978-1-955768-40-5

CRKVENE STAREŠINE

Kako biti pastir poput Isusa

DŽERAMI RINI

Novi Sad

2021.

SADRŽAJ

Starešinama crkve *South Shore Baptist Church*,
mojoj braći iz čete

PREDGOVOR NIZU

Izgradnja zdravih crkava

Da li verujete da je vaša odgovornost da doprinesete izgradnji zdrave crkve? Ako ste hrišćani, verujemo da jeste. Isus vam zapoveda da druge ljude činite učenicima (Matej 28,18-20), a Juda kaže da treba da se izgrađujete u veri (Juda 20-21). Petar vas poziva da koristite svoje darove kako biste služili drugima (Prva Petrova 4,10), a Pavle vam kaže da treba da govorite istinu u ljubavi kako bi vaša crkva sazrela (Efescima 4,13, 15). Da li vidite odakle nam ta ideja?

Bilo da ste član crkve ili vođa, niz knjiga *Izgradnja zdravih crkava* pomoći će vam da ispunite takve biblijske zapovesti i da doprinesete izgradnji zdrave crkve. Drugim rečima, nadamo se da će vam ove knjige pomoći da zavolite svoju crkvu kao što je Isus voli.

Služba *9Marks* (Devet odlika, prim. prev.) planira da objavi kratku, čitljivu knjigu o svakoj odlici koju je Mark nazvao odlikom zdrave crkve, i još jednu o zdravom učenju. Očekujte knjige o ekspozicijskom propovedanju, biblijskoj teologiji, evanđelju, obraćenju, evangelizaciji, crkvenom članstvu, crkvenoj stezi, učeništvu i rastu, i crkvenom vođstvu.

Mesne crkve postoje da narodima pokažu Božiju slavu. To činimo usmeravajući oči na evanđelje Isusa Hrista, verujući kako bi nas spasao, i zatim voleći jedni druge sa svetošću, jedinstvom i ljubavlju samog Boga. Molimo se da vam knjiga koju upravo čitate pomogne u tome.

S nadom,

Mark Dever i Džonatan Liman

Urednici niza *Izgradnja zdravih crkava*

UVOD

„Ja sam starešina. Koji je moj zadatak?"

Mnogi pastiri bi mogli da napišu knjigu pod naslovom „Sve što mi na teološkom fakultetu nisu rekli o pastirskoj službi". U toj knjizi bi verovatno bilo nekih bolnih, teških poglavlja, na primer „Kako preživeti gadan porodični sastanak crkve" ili „Šta reći na sahrani trogodišnjeg deteta". Pastirska služba donosi određene vrste patnje, obeshrabrenja i tuge za koje nijedna škola ne može da vas pripremi. Ali služba ima i radosna iznenađenja. Niko mi na teološkom fakultetu nije rekao da ću toliko zavoleti svoju zajednicu ili da ću iz prvog reda gledati Božiju vernost i silu evanđelja u životima ljudi. I niko mi nije otkrio kolika je radost i zadovoljstvo raditi s dobrovoljnim starešinama.

Volim dobrovoljne starešine.[1] Divim se ljudima koji uprkos napornom rasporedu na poslu i prepunom porodičnom životu žrtvuju vreme i novac, suze i molitve da bi vodili svoje mesne crkve. Volim da ih posmatram kako se zajedno bore s izazovima, kako čine greške i usput sazrevaju. Kao da se družim s Isusovih dvanaest učenika – s običnim ljudima koji imaju mane, ali Božijom milošću obavljaju izvanredan poziv. Starešine iz moje zajednice su za mene zaista bile kao braća iz čete; ne mogu da zamislim službu bez pomoći koju mi pružaju kao pastiri.

---

1 U ovoj knjizi tvrdim da neplaćeni starešina i plaćeni pastir ili sveštenik imaju istu ulogu, čak i kada zajednica plaća ovog drugog kako bi tom zadatku mogao da posveti više vremena.

Starešine volim iz još jednog razloga: one su Božiji naum za vođstvo mesnih crkava. Bog je svom narodu uvek davao pastire. Izraelu je dao Mojsija, Samuila i sudije i podigao Izraelovog najvećeg pastira, cara Davida, a ipak su svi ti ljudi, uključujući i Davida, izneverili na ovaj ili onaj način. Carevi su nakon Davida sve više uvodili Božije stado u idolopoklonstvo i nepravdu, pa su proroci počeli da govore o pastiru koji dolazi, o novom „Davidu" (na primer Isaija 9,1-7; Jezekilj 34,20-24). Bog je ispunio svoje obećanje poslavši Isusa, Davidovog sina – Dobrog pastira koji je položio svoj život za ovce i ustao iz mrtvih. Ali Bog tu nije prestao da šalje pastire, nego je Isus dao apostolima i zatim starešinama da se kao potpastiri staraju o njegovom stadu dok se on ne vrati (Efescima 4,7-13; Prva Petrova 5,1-4). Starešine su Isusovi pomoćnici u pastirskom staranju za crkve.

POBOŽNI, DOBRONAMERNI I... ZBUNJENI

Iako iz navedenih razloga veoma volim starešine, primetio sam jedan problem koji se ponavlja. Starešine su obično pobožni i dobronamerni ljudi, ali su često zbunjeni po pitanju uloge starešine. Ponekad ne shvataju baš potpuno šta bi trebalo da *rade*. Da budem iskren, često smo jednako zbunjeni i mi koji smo plaćeni pastiri.

Starešine zbog toga unose u nadgledanje crkve druge obrasce za vođstvo, obično na osnovu svog iskustva ili zanimanja. Bez jasnog i biblijskog opisa starešinskog posla, ti ljudi obično rade onako kako znaju, pretpostavljajući da je uloga starešine poput:

> ➤ upravljanja školom,
> ➤ upravljanja preduzećem,
> ➤ zapovedanja ratnim brodom,
> ➤ upravljanja projektom,

➢ rukovođenja operacijama,

➢ nadgledanja podizvođačâ,

➢ služenja u odboru poverenikâ.

Određene strane tih životnih iskustava uvek su korisne u starešinskom vođstvu, ali nadgledanje crkve je ipak jedinstven zadatak.

„JA SAM STAREŠINA. KOJI JE MOJ ZADATAK?"

Cilj ove knjige je da sažeto izloži biblijski opis posla starešine. Hteo sam da sastavim čitljiv i podsticajan sažetak zadatka starešine, sažetak koji bi mogao da se dâ novom ili potencijalnom starešini koji hoće da sazna šta je starešina i šta treba da radi. Nadam se da će ova knjiga odgovoriti pobožnom, dobronamernom čoveku koji postavi pitanje: „Ja sam starešina. Koji je moj zadatak?"

Ali ova knjiga nije samo za starešine ili za one koji to žele da postanu, nego i za članove crkve. Cela zajednica treba da razume Božiji naum za mesnu crkvu, uključujući i njegov naum za vođstvo. Crkveni članovi mogu da budu jednako zbunjeni po pitanju opisa posla starešine kao i same starešine.

Stoga se molim da ova knjiga donese zdravlje u crkvene zajednice kad se članovi i vođe ujedine oko biblijske vizije za službu i vođstvo u mesnoj crkvi. Nadam se da će duhovno ravnodušni hrišćanski muškarci, koji samo greju klupe u crkvi, pročitati ovu knjigu i doživeti da im se budi želja da se pastirski staraju za svoje porodice i crkve. I na kraju, molim se da Bog upotrebi ovu knjižicu da nekim ljudima promeni pravac života pozivajući ih u punovremenu pastirsku službu.

STAREŠINE, NADGLEDNICI I PASTIRI

Ukratko o značenju nekih reči: Reči *starešina* i *nadglednik* koristiću s istim značenjem jer se tako koriste i u Novom zavetu.[2] Služba starešine je jedan posao sa dva zvanja.

U stvari, sa tri zvanja. U Poglavlju 2 ću objasniti da se reč *pastir* odnosi na isti položaj u crkvi kao reči *starešina* i *nadglednik*. Biblijski govoreći, starešine su pastiri, a pastiri su nadglednici. Osoba koju u crkvi obično zovemo *pastirom* zapravo je plaćeni starešina, a osoba koju u crkvi obično zovemo *starešinom* zapravo je neplaćeni, to jest dobrovoljni pastir.

Starešina ili pastir, nadglednik ili pastor – sve je to isti posao, bez obzira na to da li se radi za platu ili dobrovoljno. *Ali koji posao?* Šta starešine treba da rade u mesnoj crkvi? Šta Isus zapoveda svojim potpastirima? Kako da znaju da li vrše njegov zadatak?

Pre nego što odgovorimo na ta pitanja, treba da uradimo nešto još osnovnije. Treba da razumemo biblijska merila koja neko treba da ispuni da bi bio starešina. Ako želite da vršite službu starešine, vaš prvi zadatak je da ustanovite da li ste za to spremni!

---

2   Zapazite kako reči *starešine, nadglednik, pastir i nadgledanje* menjaju jedna drugu u sledećim tekstovima: Dela 20,17, 28; Titu 1,5-7; Prva Petrova 5,1-5.

Poglavlje 1

NE PRETPOSTAVLJAJTE

Postao sam Isusov učenik pre tinejdžerskog doba kroz vernu evanđeosku službu male baptističke crkve iz okoline Las Vegasa u Nevadi koju su predvodile starešine. S dvadeset šest godina sam postao vodeći pastir (to jest vodeći starešina) male baptističke crkve u predgrađu Bostona u Masačusetsu. Stoga možda pretpostavljate da sam znao šta znači biti starešina. Ali verovali ili ne, počeo sam ozbiljno da proučavam šta Biblija kaže o starešinama tek kad sam *postao* starešina.

U tom proučavanju su me iznenadile dve stvari. Prvo, začudio sam se *koliko* Biblija govori o toj temi. Gotovo svi novozavetni pisci govore o starešinama, pa o njima postoji više od deset tekstova. Postalo mi je jasno da hristolike starešine nisu stvar izbora crkve, nego su ključne u Božijem naumu o pastirskom staranju za njegove crkve. Kako mi je to promaklo?

Drugo, bio sam zapanjen *koliko* su opis posla starešine i merila za starešinu drugačiji nego što sam pretpostavljao. Mislio sam da ispunjavam merila da budem pastir i starešina jer volim Isusa, imam diplomu teološkog fakulteta i mogu solidno da propovedam. Šta bi još moglo da bude potrebno?

Možda i vi pretpostavljate da biste mogli da budete starešina, ali iz drugih razloga. Možda verujete da je došlo vreme da se priključite

13

odboru starešina jer ste bili veran član crkve. Služili ste dva mandata u misijskom odboru, bili domaćin kućne grupe za proučavanje Biblije, a čak ste i poučavali u drugom razredu nedeljne škole za odrasle kad nisu mogli da nađu učitelja. Platili ste cenu i sad je vaš red da vodite.

Ili možda pretpostavljate da treba da se nađete u odboru starešina jer dajete velike priloge. Crkva ne bi završila fiskalnu godinu u plusu da niste napisali onaj ček. Davaoci koji mnogo daju zaslužuju i da mnogo odlučuju i da sede u velikim odborima. Takva su pravila. Osim toga, vašoj crkvi bi dobro došao vođa koji ima određenog smisla za posao.

A moguće je i da mislite kako treba da vodite u crkvi jer vodite van crkve. Možda vodite uspešno preduzeće ili sedite u odboru neke neprofitne organizacije; možda ste direktor odseka ili zapovednik bataljona ili trener nekog tima. Smatrate da s pravom pretpostavljate da vas vaše veštine vođstva, iskustvo i darovi čine savršenim kandidatom za starešinu.

Zar ne?

Kao što sam spomenuo u uvodu, vaša prva starešinska dužnost je da istražite da li prema biblijskim merilima zaista treba da budete starešina. Ne pretpostavljajte da treba. Dozvolite Božijoj reči da proveri da li ste dobar kandidat, čak i ako ste ranije služili kao starešina.

Sledi šest novozavetnih merila za starešinu. Čitajte o njima uz molitvu. Često se zaustavljajte i razmišljajte. Pozovite druge i razgovarajte o tome. Pokažite ovaj deo knjige svojoj ženi, nekim prijateljima ili jednom od starešina i pitajte: „Da li ispunjavam ova merila?"

ISPUNJAVATE MERILA DA SLUŽITE KAO STAREŠINA AKO...

1. Želite da budete starešina

Apostol Pavle je ovako započeo jednu od najdužih novozavetnih pou-

14

ka o starešinama: „Ovo je istina: ako neko želi nadgledništvo, lepu službu želi" (Prva Timoteju 3,1). Petar je to rekao ovako: „Napasajte Božije stado koje vam je povereno. Nadgledajte ga ne zato što morate, nego dragovoljno – kako Bog hoće" (Prva Petrova 5,2). Treba da imate želju i čežnju za starešinskom službom. Treba u nju da stupite drage volje. Verno obavljanje pastirske službe će od vas mnogo zahtevati. Ako ne osećate glad za tom ulogom, može da se dogodi da sagorite. Naravno, to ne znači da svako ko želi da bude starešina ispunjava sva merila, ali znači da nedostatak želje predstavlja problem.

U mojoj crkvi postoji čovek koji bi bio dobar starešina. Naš tim koji predlaže starešine ga je pozvao da služi kao starešina. U stvari, pitali smo ga tri puta. Očigledno je u pitanju bila treća sreća, jer je tada konačno pristao. Ali kad sam s njim popričao malo duže, postalo mi je jasno da kod njega nema jake želje da bude starešina. Pristao je da služi između ostalog i zbog toga što je u prošlosti to već dva puta odbio, pa ga je osećaj dužnosti prema crkvi na kraju ubedio da pristane – a Petar nas je baš na to upozorio.

Rekao mi je i da želi da oslobodi određeno vreme u svom rasporedu kako bi mogao da saopštava evanđelje svojim susedima i ljudima iz svoga grada. Mogu samo da zamislim koliko bi se jedio što ulaže vreme u pastirsko staranje za stado, a zapravo želi da dodaje stadu nove ovce. Stoga se nakon dalje molitve predomislio i hrabro, po treći put, odbio predlog da postane starešina. Zamalo da pobrkamo evanđelistu i starešinu!

Istina je da nisu sve pobude pobožne, ali potrebno je da imate želju da budete starešina. Da li je Sveti Duh stavio u vaše srce pobožnu čežnju da se pastirski starate o mesnoj crkvi? Šta vas pobuđuje na to?

2. Ako ste uzor pobožnog karaktera

Možda pretpostavljate da je veština upravljanja organizacijom najvažnija osobina starešine. Ona jeste važna za službu crkvenog nadglednika, ali su pisci Novog zaveta mnogo više naglasili svet karakter. Isusovi potpastiri treba da odražavaju Isusov karakter. Bolje je biti pobožan starešina s osrednjim darovima za vođstvo nego harizmatičan vođa s očiglednim moralnim nedostacima. Pročitajte sledeće delove Pavlova dva spiska s merilima za nadglednike. Te vrline treba da pristaju starešini kao odelo sašiveno po meri:

> A nadglednik treba da bude bez zamerke, jedne žene muž, umeren, razborit, sređen, gostoljubiv, sposoban da pouči; ne pijanica, ne nasilan čovek, nego blag; ne svađalica, ne srebroljubac [Bakotić: nekoristoljubiv] (Prva Timoteju 3,2-3).

> Jer, nadglednik, kao upravitelj Božijeg doma, treba da bude besprekoran – ne samoživ, ne naprasit, ne pijanica, ne nasilnik, ne sklon nepoštenom dobitku, nego gostoljubiv, ljubitelj dobra, razborit, pravedan, svet, uzdržljiv (Titu 1,7-8).

Pošto je hristolik karakter toliko važan, hajde sada da usporimo i da podrobnije razmotrimo neke od tih osobina.

Bez zamerke. Pavle svoje spiskove vrlina počinje sledećim rečima: „bez zamerke" i „besprekoran". Te reči ne znače da je starešina prevazišao greh i da živi potpuno bezgrešnim životom. Kad bi to značile, crkve bi morale da daju otkaz svim svojim starešinama. Čovek koji je bez zamerke zapravo ima uzoran nivo hristolikosti i nema upadljivih greha. Izraz „bez zamerke" označava sličnu osobinu kao i reči „sre-

đen" (Prva Timoteju 3,2), „pravedan" i „svet" (Titu 1,8).
Tabiti Anjabvile je to dobro rekao u svojoj knjizi o merilima za
starešine: „Kad je starešina bez zamerke, to znači da je od one vrste
ljudi za koje niko ne sumnja da čine nešto loše ili nemoralno. Ljudi bi
bili preneraženi kad bi čuli da je takav čovek optužen za takva dela."[1]
Kad za starešine predložimo ljude koji su bez zamerke, to snažno
podstiče poverenje zajednice u svoje vođe. Osim toga, crkvene vođe
koje su bez zamerke čuvaju svedočanstvo crkve pred društvenom za-
jednicom, kao što je Pavle rekao: „Osim toga, treba da bude na do-
brom glasu i među ljudima van crkve, da ne padne u nemilost i đavo-
lju zamku" (Prva Timoteju 3,7).

Umeren. Prema Pavlovim opisima, starešina treba da bude umeren,
trezven, uzdržljiv i čvrste volje. Umerenost je oblik uzdržljivosti, koja
je plod Svetog Duha (Galaćanima 5,23) i obeležje hrišćanskog života.
Ukratko rečeno, čovek ispunjen Duhom je umeren čovek.

Zanimljivo je da je Pavle na oba spiska upozorio protiv istog obli-
ka neumerenosti, a to je pijanstvo. Ono uništava živote i uvlači ljude u
druge grehe. Znam čoveka koji je prestao da pije kad je postao stare-
šina. Hteo je da bude bez zamerke po pitanju pića i uzor članovima
crkve koji se bore sa zavisnošću od alkohola. Sveto pismo ne zahteva
od starešina da se potpuno uzdržavaju od alkohola, ali zahteva da
budu sposobni da se odreknu sebe kao što je to učinio ovaj brat.

Da li krijete tajnu zavisnost od alkohola, droge, pornografije ili
kockanja? Da li gubite uzdržljivost kroz gnev, trošenje novca, psovanje
ili ogovaranje? Da li treba da odložite prihvatanje starešinske službe

---

1   Tabiti Anjabvile, *Finding Faithful Elders and Deacons* (Kako naći verne starešine i
đakone, prim. prev.), Viton, Ilinoj: *Crossway*, 2012, 57.

kako biste se u narednom periodu posvetili raspinjanju određenih greha koji su vam postali navika i negovanju umerenosti i uzdržljivosti? *Blag.* Postoji poznata izreka na svahiliju koja glasi: „Kad se slonovi bore, trava pod njima strada." Tako stradaju i ovce kad su pastiri ratoborni i nasilni. Zato je Pavle rekao da starešina treba da ispunjava i sledeća merila: „...ne nasilan čovek, nego blag; ne svađalica" (Prva Timoteju 3,3) i „...ne samoživ, ne naprasit" (Titu 1,7). Samoljubivi, zapovednički nastrojeni, svadljivi, nametljivi, osorni, naprasiti i razdražljivi nadglednici gaze članove crkve.

Ali starešine ne treba da budu takve, nego treba da budu nežni divovi. Blagost ne podrazumeva slabost ili kukavičluk. Blage starešine sprovode svoju vlast s nežnošću pastira i osetljivošću oca punog ljubavi. Gledao sam TV emisiju u kojoj je kornjača dopuzala do slona koji je pio vodu. Slon je pogledao naniže i obazrivo pomerio kornjaču nogom u stranu kako je ne bi slučajno zdrobio. Iznenadio sam se što je tako ogromno biće bilo toliko pažljivo. Ljudi se tako iznenade kad iskuse blagost crkvenog vođe.

Da li ste blagi ili grubi? Da li ste mirotvorac ili svađalica? Da li pažljivo slušate ili upadate drugima u reč da biste rekli svoje mišljenje? Teško je sve to proceniti kod sebe, pa stoga budite hrabri i zamolite nekoliko pronicljivih članova crkve da vam kažu svoje iskreno mišljenje.

Nekoristoljubiv. Starešine ne treba da budu srebroljubive. Petar je rekao da starešine ne treba da služe „radi prljavog dobitka, nego s predanošću" (Prva Petrova 5,2). Te reči oštro prekorevaju pastire koji koriste svoju službu da se obogate i žive raskošno. Čuvajte se pastira koji šišaju ovce.

Koristoljublje nije problem samo za plaćene pastire. Dobrovoljne starešine koje žive za novac teško će uložiti vreme i snagu u staranje za zajednicu. Koristoljubive neplaćene starešine ponekad manipulišu crkvama pomoću svojih priloga. Na primer, može da se dogodi da preuzmu upravu nad kasom crkve i usmere sredstva u službu za kućne ljubimce. [Ova služba je sve rasprostranjenija na Zapadu, prim. prev.] Oni mere zdravlje crkve na osnovu blagajnikovog mesečnog izveštaja. Kad koristoljubivi ljudi vode crkvu, sve manje se troši za siromašne, za osnivanje crkava i za svetsku evangelizaciju. Zašto ozbiljno ulagati u ciljeve koji neposredno ne obogaćuju malo carstvo koristoljubivog starešine?

Kakav je vaš odnos prema novcu? Da li ga volite i da li živite za njegovo zgrtanje ili rado dajete za mesnu crkvu, za širenje evanđelja i za potrebe drugih? Da li dajete desetak ili sić, žrtvu ili simboličnu svotu? Da li dajete samo ako ćete nešto dobiti za uzvrat? Pažljivo se ispitajte, „jer, srebroljublje je koren svih zala" (Prva Timoteju 6,10).

Pre nego što nastavimo, nakratko se zaustavite i razmislite o Isusu. Kad su ga verske vođe optužile da sarađuje sa đavolom, te optužbe nisu bile održive jer je on bio *bez zamerke*. Kad je Petar vitlao mačem i pružio mu priliku da izbegne svoje hvataoce, on je ostao *uzdržljiv*, rešen da do kraja sprovede svoj i Očev naum za krst. Kad se susretao s ljudima koji su slabi, bolesni i u bolovima, bio je *blag*, a kad mu je đavo ponudio carstva sveta, nije bio *koristoljubiv*. Isus se u svim tim trenucima ponašao kao savršeni pastir Božijih ovaca i pružio uzor za starešine u današnjim crkvama.

3. Ako možete da poučavate iz Biblije

Pavle je rekao da nadglednik mora da bude „sposoban da pouči" (Prva Timoteju 3,2). Poučavanje iz Biblije je ključno za pastirski rad starešine. Ovu temu ćemo podrobnije istražiti u Poglavlju 3, ali za sada samo razmislite na sledeći način: „Da li sam nekad poučavao ljude iz Božije reči i da li je ishod bio vidljiv?"

Naše crkvene starešine su tokom godina razgovarale o ljudima koji su bili predloženi za starešine. Neko je jednom prilikom predložio čoveka koji je tada već godinama bio vernik i odan član crkve. Razgovarali smo o njegovom pobožnom karakteru i srećnom braku. Nabrojali smo službe i odbore u kojima je služio i shvatili da je taj čovek dobrovoljno radio u crkvi mnoge stotine sati. Što smo više razgovarali, to je očiglednije postajalo da taj čovek treba da bude starešina. Ali onda je neko upitao: „Da li može da poučava iz Biblije?"

Nema sumnje da nas je taj čovek poučavao svojim pobožnim primerom, ali Pavle nije mislio na to kad je zahtevao da starešina bude sposoban da poučava. Mislio je na plodno usmeno saopštavanje evanđelja i biblijskog učenja. Starešina mora da bude „prionuo uz verodostojnu Reč, koja je u skladu sa učenjem, da može ispravnim učenjem da bodri druge i uverava protivnike" (Titu 1,9).

U nekim slučajevima, kad shvatimo da brat nije nikad poučavao, pa čak ni pred malobrojnim slušateljstvom poput male kućne grupe, zaustavljamo dalje razmatranje dok to pitanje ne istražimo u razgovoru s njim.

Starešine treba pastirski da se staraju za stado poput Isusa. Kao što je Isus objavljivao Božiju reč s vlašću, tako i ljudi predloženi za starešine treba da budu poznati po tome što dobro poučavaju iz Biblije.

4. Ako dobro vodite svoju porodicu

Američko društvo povlači jasnu liniju između javnog i privatnog, između posla i doma. Poslovnog vođu procenjujemo po sposobnosti da uveća dobit i sprovede ciljeve preduzeća, a ne na osnovu kvaliteta njegovog ili njenog ličnog života. Lični i porodični svet vođe – deca, brak i seksualni život – ne tiču se nikoga drugog.

Ali u Božijoj porodici je drugačije – porodični život starešine je veoma važan. U stvari, brak i roditeljstvo su dokaz da je neko prikladan da bude starešina. Razmotrite tri načina na koje vođstvo u porodici čini muškarca prikladnim za crkveno vođstvo. Starešina treba da bude: *Jedne žene muž*. Većina engleskih (i srpskih) prevoda Biblije prevodi Pavlove reči izrazom „jedne žene muž" (Prva Timoteju 3,2; Titu 1,6), ali neki ga tumače izrazom „da ima samo jednu ženu" (Novi savremeni prevod). Teško je biti siguran u tačno tumačenje ovog izraza,[2] ali on u najmanju ruku iskazuje ideju o vernom mužu koji poštuje sveti bračni zavet.

Da li ste seksualno verni u svom životu? Da li često posećujete pornografske veb-sajtove? Da li ste se razvodili? Kakav je trenutni odnos između vas i vaše supruge? Niko ne živi u bajci i u braku bez trvenja, ali ako vam brak hramlje ili (još gore) ako ste u prošlosti imali bračne brodolome, treba da razgovarate s nekoliko mudrih starešina i pastira pre nego što zatražite da postanete starešina. Ako želite da se starate o Hristovoj nevesti, veoma je važno kako postupate sa svojom.

Da li zahtev da starešina bude „jedne žene muž" znači da neoženjena braća ne mogu da budu starešine? Kad uzmemo u obzir Pavlovo jasno učenje na drugim mestima o prednostima koje samci imaju u službi i njegov primer kao neoženjenog apostola (Prva Korinćanima 7,7, 25-38), čini se da sâmo neženstvo ne bi trebalo da sprečava čove-

---

2 Ovaj izraz verovatno nije upotrebljen radi zabrane mnogoženstva, jer je obrnuti izraz, „žena jednoga muža" (Sinod SPC), upotrebljen za udovice koje ispunjavaju merila za primanje crkvene pomoći (Prva Timoteju 5,9), a u grčko-rimskom svetu nije bilo mnogomuštva. Ne razmatrajući uopšte mnogoženstvo kao mogućnost, ovaj izraz treba shvatiti (1) doslovno, što bi značilo da se nikad nije ponovo oženio, bilo da je razveden ili da je udovac; ili (2) u prenesenom smislu, što bi u osnovi značilo da je veran supružnik. Više naginjem ovom drugom tumačenju.

ka da stupi u službu nadglednika. Ali ako ste neoženjeni, ipak se upitajte: Da li držim sebe seksualno čistim? Da li sam bez zamerke u odnosu prema devojkama s kojima sam izlazio?"

Sposoban otac: Veština upravljanja *jeste* značajna za starešine. Nadglednici treba da budu sposobni da vode, što zvanje „nadglednik" i podrazumeva. Pod upravljanjem obično podrazumevamo upravljanje zaposlenima, pravilnicima i finansijskim i strateškim planovima, ali Pavle je imao na umu drugu vrstu upravljanja: decu i dom.

Starešina je čovek koji treba „svojim domom dobro [da] upravlja, da mu se deca potčinjavaju sa punim poštovanjem – jer ko ne ume da upravlja svojim domom, kako će se starati za Božiju crkvu?" (Prva Timoteju 3,4-5).

Da li vidite sličnosti između uloge oca i uloge starešine? Muškarac u oba slučaja ima ulogu vođe i pre svega je odgovoran da onima koji su mu povereni pomogne da rastu i da žive u međusobnom skladu. I roditeljstvo i starešinska služba usmeravaju ljude ka zrelosti u sklopu određene zajednice. Naučite pastirski da se starate za Božiju porodicu tako što ćete se prvo starati za svoju.

Da li se vaša deca lepo ponašaju ili su neobuzdana? Da li kod kuće učite svoju decu o Božijoj reči i o evanđelju ili su vam deca ozlojeđena zbog vaše prevelike grubosti ili nedovoljne zainteresovanosti (Efescima 6,4)? Da li atmosfera u vašem domu pretežno podstiče red i napredak ili je otrovna i neuredna?

Da li ovaj tekst sprečava braću koja nemaju dece da budu starešine? U načelu ne, ali ako oženjen muškarac odbija da ima decu kako bi uživao u određenom načinu života u kom bi mu deca smetala, to bi trebalo da nas zabrine. Da li ga je ljubav prema svetu sprečila da posluša osnovnu bračnu zapovest: „Budite plodni i množite se" (Postanje 1,28)? Ali ako muškarac nema dece iz razloga koji su van njegove vlasti, treba da pokaže veran rad s Hristovim učenicima u nekoj drugoj oblasti života. Načelo glasi ovako: Za pastire postavljajte muškarce koji su *već* uključeni u delotvornu pastirsku službu.

Gostoljubiv. Pavle je dva puta zapovedio da nadglednici budu gostoljubivi (Prva Timoteju 3,2; Titu 1,8).

Gostoljubivost može da otkrije ljubaznost, saosećajnost i staranje za ljude koji su u potrebi, koji su izgubljeni i usamljeni, a sve te osobine su prikladne za starešinu. Ali gostoljubivost čini još nešto: omogućuje ljudima da vide vašu porodicu na delu.

Šta vaši gosti vide kad dođu kod vas na večeru? Naravno da ne vide besprekornu porodicu, ali da li osete toplinu i međusobno poštovanje u tonovima i neverbalnim znakovima između vas i vaše žene i vaše dece? Da li vide kako su vam deca poslušna i kako ispravno reagujete kad su neposlušna? Da je vaša kuća crkva, da li bi vaši gosti hteli ponovo da vas posete?

5. Ako ste muškarac

Do sad vam je to verovatno već postalo očigledno, ali ipak ću jasno reći: Bog je pozvao *samo muškarce* da budu crkvene starešine.[3] Razmotrite sledeća zapažanja:

> ➢ Kao što smo videli, Pavle je dva puta rekao, u različitim odlomcima, da nadglednik treba da bude *muž* jedne žene.

---

3   Znam da je ovo veoma sporno pitanje, ali nažalost mogu samo ukratko da spomenem nekoliko argumenata koji potkrepljuju moje gledište. Za podrobnu obradu celishodnih tekstova i pitanja vidite knjigu Vejna Grudema *Evangelical Feminism and Biblical Truth: An Analysis of More than 100 Disputed Questions* (Evanđeoski feminizam i biblijska istina: Analiza više od sto spornih pitanja, prim. prev.), Kolorado Springs, Kolorado: *Multnomah,* 2004).

➢ Pavle je neposredno pre svog izlaganja o nadglednicima re-
kao: „Ženi ne dopuštam da uči muškarca, niti da ima vlast
nad njim, nego neka bude mirna" (Prva Timoteju 2,12). S
obzirom na uži kontekst, ovaj stih se u najmanju ruku odnosi
na ulogu nadglednika, koja se u osnovi definiše na osnovu
poučavanja i vladanja.

➢ Pavle je uporedio predvođenje crkve s predvođenjem porodi-
ce. Baš kao što je Bog pozvao muškarce da vode u braku i ro-
diteljstvu (Efescima 5,22 – 6,4), tako ih je pozvao da vode i u
crkvenoj porodici.

Da li to znači da žena nikad ne treba da poučava ili vrši pastirsku
službu, da se suprotstavlja grehu ili da bude uzor pobožnosti? Narav-
no da ne znači. Verovatno možete da navedete primer nekih pobo-
žnih žena koje je Bog upotrebio da se pastirski postara o vama i da
vas oblikuje. I ja poznajem takve žene, ali starešinska služba je više od
dara ili službe. Reč *starešina* označava određeni položaj, Bogom danu
ulogu u ustrojstvu mesne crkve, baš kao što *otac* ima određeni, Bogom
dani položaj u porodici. Kao što je to slučaj kod uloge oca, tako je
Bog za ulogu starešine pozvao u svojoj svevlasti *muškarce* koji ispunja-
vaju potrebna merila.

6. Ako ste učvršćeni u veri

Pavle je upozorio da novoobraćeni hrišćani ne treba da služe kao sta-
rešine: „…ne novoobraćenik, da ne postane ohol, pa bude osuđen is-
tom osudom kao i đavo" (Prva Timoteju 3,6).

Hrišćani koji su nedavno doživeli spasenje nas ponekad zadive
svojim duhovnim oduševljenjem, brzim preobražavanjem i neustraši-
vim saopštavanjem evanđelja, ali ne žurite da tog energičnog, novoo-

braćenog hrišćanina uvedete u starešinsku službu. Čeka ga još mnogo rasta i proveravanja. Reč *starešina* podrazumeva mudrost i iskustvo, a novoobraćeniku to nedostaje.

Ako ste novoobraćenik, usredsredite se na to da se još dublje ukorenite u Hrista. Čuvajte se duhovne oholosti. U stvari, hajdemo još jedan korak unazad: Budite sigurni da ste stvarno obraćeni. Ne pretpostavljajte da jeste! Da li ste se pokajali od svojih greha, poverovali u Isusa i zamolili ga da vam oprosti? Da li verujete da jedino Isusova smrt i vaskrsenje mogu da vas izbave od pakla i pomire vas sa Bogom? Da li ste nanovo rođeni? Ništa ne uništava crkve kao postavljanje neobraćenih pastira i starešina. Kako neko može da služi kao Isusov potpastir i da odražava Isusov karakter ako čak nije ni hrišćanin?

Naša crkva bira starešine na godišnjem sastanku. Na tom sastanku tražimo da nam ljudi koji su predloženi za starešine ispričaju kako su se pokajali i poverovali u Isusa. Često su to ljudi koje poznajemo godinama i koji su i ranije služili kao starešine, ali crkva želi ponovo da čuje kako ti ljudi ispovedaju veru u Isusa. Ne znam kad je naša crkva počela s tim običajem, ali se nadam da ga nikad nećemo prekinuti.

DA LI JE TO I VAŠ OPIS?

Molim vas da sada nešto učinite. Pre nego što pređete na sledeće poglavlje, molim vas da pročitate Prvu Timoteju 3,1-7. Čitajte naglas. Potpuno sam ozbiljan. Ako treba, povucite se negde u samoću i naglas pročitajte sledeće stihove:

> Ovo je istina: ako neko želi nadgledništvo, lepu službu želi. A nadglednik treba da bude bez zamerke, jedne žene muž, umeren, razborit, sređen, gostoljubiv, sposoban da pouči; ne pijanica, ne nasilan čovek, nego

blag; ne svađalica, ne srebroljubac; da svojim domom dobro upravlja, da mu se deca potčinjavaju sa punim poštovanjem – jer ko ne ume da upravlja svojim domom, kako će se starati za Božiju crkvu? – ne novoobraćenik, da ne postane ohol, pa bude osuđen istom osudom kao i đavo. Osim toga, treba da bude na dobrom glasu i među ljudima van crkve, da ne padne u nemilost i đavolju zamku.

Jedan čovek me zamolio da to učinim dok su me ispitivali pre postavljanja u pastirsku službu. Otvorio sam Bibliju i naglas pročitao Prvu Timoteju 3,1-7 pred njim i pred ostalima koji su bili prisutni. Kad sam završio, rekao mi je: „Hvala vam što ste pročitali taj tekst. Imam samo jedno pitanje. Da li je to i vaš opis?" Zatim je seo.

Treba da odražavamo Isusa ako želimo da predvodimo njegove crkve, a sve su to Isusove osobine. Ovce treba da primete jake tragove Glavnog pastira u životu i karakteru ljudi koji žele da budu potpastiri. Stoga mi dozvolite da vas upitam na osnovu opisa starešine koji ste upravo pročitali: „Da li je to i vaš opis?"

Poglavlje 2

MIRIŠITE NA OVCE

„Znači, ova crkva je kao vaše preduzeće, vi ste prodavac, a Bog je proizvod", rekao mi je novopridošli čovek dok smo nakon bogosluženja stajali u predvorju crkve. (Žao mi je što nisam vodio dnevnik svih čudnih razgovora koje sam vodio u predvorju crkve posle propovedi!) „Ne", rekao sam, „nije tako."

Taj čovek se prosto trudio da razume crkvu na osnovu svog životnog iskustva. Očigledno se razumeo u poslovanje i prodaju, pa je hteo na osnovu toga da protumači i crkvu.

Nažalost, novopridošlice nisu jedine koje prave takvu grešku, nego i pastiri, starešine i članovi često pogrešno protumače crkvu shvatajući je kao preduzeće ili organizaciju.

Istina je da crkva ima poslovne strane. Često upošljava finansijske službenike, a ima i svoju blagajnu, zaposlene i pravilnike za zaposlene, prostorije, osiguranje i nacrte radnog postupka, a tako i ciljeve, unutrašnja pravila i odbore. Sve to spada u život zajednice, pa time treba dobro upravljati za Božiju slavu, jer mesna crkva je ustrojena kao organizam.

Problem nastaje kada te oblasti crkvenog života koje podsećaju na preduzeće ustroje celu zajednicu poput preduzeća, zanemarujući biblijsko učenje. To izgleda otprilike ovako:

➤ Pastir = predsednik

➤ Osoblje = potpredsednici

➤ Članovi = deoničari ili odani korisnici

➤ Posetioci = mogući korisnici

A koja je uloga starešina?

➤ Starešine = upravni odbor

Starešine u tom ustrojstvu imaju sličan opis posla kao članovi upravnog odbora. Kada zaposle jednog ili više pastira koji zatim vrše službu, okupljaju se na sastancima odbora da se osvrnu na službu pastira, provere finansije i sastave pravilnike. Pastiri predlažu nove korake, a starešine ih odobravaju ili odbacuju. Pastiri služe, a starešine upravljaju.

Ali takvo ustrojstvo starešinske službe ne uzima u obzir ključnu biblijsku istinu: i starešine su pastiri.

STAREŠINA = PASTIR

Vremenom je nekako došlo do toga da smo počeli da razdvajamo pastire od starešina – plaćene stručnjake za službu od neplaćenih odbornika – ali u Novom zavetu nema te razlike.

Kad smo već kod toga, šta je pastir? „Pastir" je prevod grčke reči *pimin*, koja može da se odnosi na doslovnog pastira, poput onih koji su bili na poljima u Lukinoj božićnoj priči, ali se mnogo češće koristi za Isusa, koji je naš Dobri pastir. Postoji i srodni glagol, *pimeno*, koji znači „starati se za stado". Reč *pastor* je latinskog porekla i isto znači pastir.

Ovo što sledi je ključno: Novi zavet koristi i ovu imenicu i ovaj glagol – a tako i druge elemente pastirskog zanimanja – za opis *starešina i njihovog rada*. Razmotrite sledeće stihove, u kojima sam kosim slovima istakao reči kojima su prevedene grčke reči *pimeno* i *pimin*.

Evo kako je Pavle upozorio starešine crkve u Efesu:

Pazite na sebe i na celo stado kojem vas je Sveti Duh postavio za nadglednike. *Napasajte* Božiju crkvu, koju je on stekao svojom krvlju (Dela 20,28).

Slično je pisao i Petar:

Molim starešine među vama, ja, koji sam i sâm starešina, svedok Hristovih stradanja i onaj koji će imati udela u slavi koja će se otkriti: *napasajte* Božije stado koje vam je povereno. Nadgledajte ga ne zato što morate, nego dragovoljno – kako Bog hoće; ne radi prljavog dobitka, nego s predanošću; ne kao gospodari nad onima koji su vam povereni, nego kao uzori stadu. A kada se pojavi Vrhovni *pastir*, primićete venac slave, koji ne vene (Prva Petrova 5,1-4).

Petrove reči zvuče kao odjek onih reči koje mu je Isus uputio nakon svog vaskrsenja: „Napasaj moju jagnjad" i „*Čuvaj* moje ovce" (Jovan 21,15, 16).

A koje služitelje je Isus dao kao darove svojoj crkvi? Pavle navodi apostole, proroke, evanđeliste i zatim „*pastire* i učitelje" (Efescima 4,11). Iz grčke gramatike se jasno vidi da su reči „pastire" i „učitelje" povezane i da označavaju jednu službu, to jest ulogu. Dakle, pastiri crkve su ujedno i njeni učitelji, a kao što smo već videli, poučavanje leži u srži starešinske službe.

PRAVI PASTIR

Ovo su reči jednog mog prijatelja koji je služio kao dobrovoljni starešina: „Dok sam bio starešina, jedna od najtežih stvari mi je bila da verujem da sam *pravi* pastir." Ali Biblija je veoma jasna po tom pitanju: ako ste starešina u crkvi, onda ste pravi pastir, jednako kao i plaćeni pastir. Možda i dalje sumnjate u to. Zar ne postoje razlike između „posebnih" ljudi koji služe kao plaćeni pastiri i kojima je to zanimanje i „običnih" ljudi koji rade druge poslove, ali dobrovoljno služe i kao starešine? Da, postoje razlike. Na primer, plaćeni pastiri često imaju više zvaničnog teološkog obrazovanja, više vremena da služe, pa stoga i više iskustva u pastirskom staranju, crkvenoj službi i poučavanju. Isto tako je moguće – ali nije uvek slučaj – da su plaćeni pastiri darovitiji za pastirsku negu ili propovedanje, zbog čega ih crkve i zapošljavaju za punovremenu službu.

Ali to što plaćeni pastir možda ima više vremena, što je možda obrazovaniji ili darovitiji, ne znači ni logički ni biblijski da je dobrovoljni starešina u manjoj meri pravi pastir nego on. Dobrovoljni vatrogasci se suočavaju s istim plamenovima kao i plaćeni, a dobrovoljne starešine s istim izazovima pastirskog staranja kao i plaćeni pastiri. Dobrovoljni pastiri mogu plaćenim pastirima da ukažu čast nazivajući ih „prvi među jednakima",[1] ali im i dalje ostaju jednaki.

USTROJSTVO KOJE MENJA SVE
Kad bismo u svetlu svega spomenutog morali sažeto da opišemo posao starešine, mogli bismo prosto da kažemo: „Pastirsko staranje za

---

1   Za korisnu raspravu o ovom pojmu vidite: Aleksander Strauh, Biblical Eldership: An Urgent Call to Restore Biblical Church Leadership (Biblijsko starešinstvo: Hitan poziv da se obnovi biblijsko crkveno vođstvo, prim. prev.), Litlton, Kolorado: Lewis and Roth, 1995), 45-50.

stado". Ako ćete zapamtiti samo jednu stvar iz ove knjige, onda zapamtite da starešine jesu pastiri i da je njihov glavni zadatak da se staraju o članovima crkve kao što se pastiri staraju za svoje ovce. Tačnije rečeno: starešine su potpastiri koji služe Dobrom pastiru predvodeći *njegove* ovce. Ali šta znači pastirski se starati za stado? Kako to izgleda na delu? U narednim poglavljima ćemo istražiti razne strane pastirskog staranja. Razgovaraćemo o poučavanju, predvođenju i molitvi.

Ali pre nego što sagledamo te praktične strane pastirskog zadatka, treba da istražimo dve veoma značajne promene koje nastaju uvođenjem ustrojstva u kom starešine jesu pastiri. Ako zaista shvatimo da starešine jesu pastiri, a ne samo odbornici neprofitne organizacije, to može da unese značajne promene u našu starešinsku službu na najmanje dva značajna načina.

MIRIS OVACA

Kad se uvede ustrojstvo u kom starešine jesu pastiri, prva značajna promena je u tome što starešine počinju *da grade odnose s članovima crkve*.

Zastanite na tren i zamislite pastira s ovcama. Možda ste nekad videli pastira na selu, možda lično ili možda na filmu. Možda nikad niste videli nijednog pastira, ali ste dovoljno čitali o njima u Bibliji pa možete sebi da ih predočite. Kakvu sliku vidite? Da li zamišljate irskog farmera koji predvodi svoje stado preko bujnog, zelenog pašnjaka? Možda zamišljate beduina u haljini i s krivim štapom kako uteruje jagnje u sklepani kameni tor. Ili možda recitujete Psalam 23 i zamišljate pastira čije ovce leže na zelenim pašnjacima i piju mirnu vodu.

Verovatno postoji jedna zajednička stvar u svim našim predstavama: Pastir je *među* ovcama, a ne na nekom drugom mestu. On hoda među životinjama, dodiruje ih i govori im. On ih poznaje jer živi s njima, a zbog toga i miriše na ovce. Umesto da zamislite doslovnog pastira, možete prosto da zamislite Isusa. U evanđeljima vidimo da je neprestano bio *među* ljudima. Izgleda da je sve svoje vreme provodio sa svojim učenicima i s mnoštvom naroda, sem kad se povlačio radi privatne molitve. Dodirivao je ljude, poučavao ih i obučavao gde god je išao. Dobri pastir nije samo položio svoj život za ovce, nego ga je s njima i proveo.

Baš kao što doslovni pastiri žive među svojim stadima i poznaju svoje ovce, i baš kao što je Isus predano gradio odnose sa svojim učenicima, tako i starešine dele svoj život sa članovima crkve i ljude smatraju svojom službom. Poglavlja koja slede obrađuju razne strane starešinske službe, ali sva pretpostavljaju da starešine žive blizu svoje braće i sestara i da s njima grade odnose.

Hajde da za sada razmotrimo jedan primer: gostoprimstvo. U prethodnom poglavlju smo videli da oba Pavlova spiska s merilima za nadglednike zahtevaju da čovek koji želi tu ulogu bude gostoprimljiv (Prva Timoteju 3,2; Titu 1,8). Zašto je gostoprimstvo tako naglašeno? Zato što otkriva velikodušno srce i stav sluge, ali pokazuje i da taj čovek koji želi da bude starešina zaista želi da bude s ljudima i traži načine da im poželi dobrodošlicu u svoj život. Ako crkva postavi gostoljubivog čoveka za starešinu, on će verovatno želeti da bude među ljudima.

Nasuprot tome imamo ustrojstvo u kom su starešine kao članovi odbora i ne moraju da budu među narodom. Mogu da pohađaju mesečne sastanke, da učestvuju u raspravama odbora, da glasaju i da zatim odu kući osećajući da su izvršili svoju dužnost. Kad preovladava takvo ustrojstvo, starešine ne moraju da uprljaju ruke boreći se s pitanjem šta da kažu članu koji je obeshrabren zbog toga što je već četrnaest meseci nezaposlen, bratu koji se bori s iskušenjima da ponovo počne da uzima heroin ili sestri koja se upustila u ozbiljnu vezu s muškarcem koji nije vernik i koja smatra da to nije problem. Starešine u tom ustrojstvu samo pomisle: „Zar ne plaćamo pastira da se bavi tim problemima?" Možda ste zaposlili pastira imajući takve odgovornosti na umu, ali ako ste dobrovoljni starešina, vreme je da zagazite u stado, rame uz rame s plaćenim osobljem crkve, i da počnete da se i sami iz srca pastirski starate za neke od njih.

ZAPOSLILI STE POGREŠNOG ČOVEKA!

Da li vam takav rad sa ljudima zvuči zastrašujuće? Možda razmišljate ovako: „Nisam dobar s ljudima. Bolji sam s brojevima ili računarima ili alatima. Povučena sam osoba. Radio sam test ličnosti koji je to potvrdio. Da budem iskren, prilično sam čudan." Ne morate da budete od onih otvorenih ljudi koji su glavni na svakoj zabavi da biste se povezali s članovima svoje crkve. Dovoljno je da ih volite. Započnite razgovor s tihom, starijom udovicom pre bogosluženja, pozovite neki siromašan bračni par na večeru ili započnite grupu za proučavanje Biblije i pozovite neke članove koji su slabije povezani s drugima. Ljudi će prepoznati pravu ljubav i brigu čak i u stidljivom ili pomalo čudnom pakovanju. Ljubav preskače sve vrste prepreka.

Možda iz drugih razloga oklevate da se upustite u pastirsku službu među članovima. Možda se plašite da će vas problemi ljudi preplaviti i da ćete svojim neveštim pokušajima da pomognete samo pogoršati stvari, jer nemate teološko obrazovanje i diplomu iz savetovanja. Možda mislite: „Ko sam ja da počnem da se igram pastira? Treba da bude jasno kako ne tvrdim da svako ko želi da bude starešina samim tim ispunjava sva potrebna merila, ali tvrdim da ljudi koji ispunjavaju merila ne treba sami sebe nepotrebno da isključuju iz službe zbog toga što se plaše da neće moći da reše životne teškoće ljudi. Evo nekoliko brzih misli o staranju za ljude koji se suočavaju s velikim problemima.

> Sâm Bog je u svojoj Reči uspostavio starešinsku službu, a on zna šta radi.

> Isus može da radi kroz vas.

> Rešavanje tuđih problema nije glavni zadatak pastirske službe (više o tome ispod).

> Verovatno imate više biblijske mudrosti koju možete da podelite s drugima nego što mislite.

> Uvek možete da zatražite pomoć, i od Isusa i od drugih pastira.

POSTEPENI PRELAZ

Baptistička crkva u kojoj služim je pre tridesetak godina pozvala jednog prezbiterijanca da joj bude vodeći pastir. Bio je darovit ekspozicijski propovednik koji je privlačio veliko slušateljstvo i evanđeljem uticao na brojne živote, ali je učinio još nešto što je za našu crkvu ostalo izvor blagoslova mnogo godina nakon njegovog odlaska: podstakao je našu crkvu da prihvati starešinsko ustrojstvo crkvene uprave.

Kad sam došao u tu crkvu, starešinska služba je postojala već više od deset godina. Ali kad smo počeli ozbiljnije da proučavamo starešinsku službu, postalo nam je jasno da ona kod nas nije dobro uravnotežena. Najveći deo energije smo trošili služeći kao odbornici neke organizacije, a daleko manji deo na pastirsko staranje za ljude. Zato smo počeli postepeno da posvećujemo sve više pažnje pastirskom staranju. I dalje smo imali mesečne sastanke i obavljali poslove poput odbornikâ – kao što sam rekao, to jeste jedna strana starešinske službe i života crkve – ali smo se istovremeno trudili da uložimo više vremena u rad sa članovima crkve.

Na primer, pre više od godinu dana smo među starešinama podelili naš rastući spisak crkvenih članova i postavili cilj da najmanje jednom godišnje stupimo u dodir sa svakim članom sa spiska. Bio je to veoma mali korak, ali je i on odmah doneo plod. Ne samo što je članovima zbog toga bilo drago, nego su osim toga postali spremniji da starešinama otvore svoje živote. Takva služba je za starešine predstavljala izazov, ali i veliko zadovoljstvo, a za mene je nastupilo olakšanje jer se tim koji nosi teret rastuće zajednice proširio.

Pred nama je i dalje dugačak put, ali naše starešine sve više mirišu na ovce.

KOJI JE CILJ?

Da ponovimo: starešine su pastiri, a metafora pastirskog staranja značajno utiče na prirodu starešinske službe. Prvo, ona podrazumeva da se starešinski rad obavlja pre svega u sklopu odnosâ s crkvenim članovima, to jest da se više bavi ljudima nego programima.

Ali slika pastirskog staranja nam ne govori samo *gde* se starešinski rad obavlja – u sklopu međuljudskih odnosa – nego i *zašto*. Zašto starešine treba da provode vreme s članovima crkve i da s njima dele život? Šta time treba da postignu? Da li je cilj da atmosfera u crkvi postane više prijateljska ili porodična?

Evo druge promene koja nastaje kad se uvede ustrojstvo u kom starešine jesu pastiri: starešine služe *odgajajući crkvene članove u hrišćanskoj zrelosti*. To je njihov cilj.

Ponovo zamislite pastira s ovcama. Zamislite ga kako obavlja svoje svakodnevne poslove među ovcama: napasa stado, vodi ga preko doline, štiti ga od divljih životinja, čisti zagnojenu ranu na ovčijoj nozi ili traži zalutalu ovcu. Zašto pastir sve to radi? S kojom svrhom ili ciljem? Da odgoji zrele ovce. Pastir se iz dana u dan trudi jer želi da dobije zdrave, potpuno odrasle ovce koje se razmnožavaju.

Zar starešine nemaju sličan cilj? Oni vredno rade u sklopu međuljudskih odnosa sa crkvenim članovima kako bi im pomogli da odrastu u Isusu. Nadglednici poučavaju, mole se i služe kako bi njihova braća i sestre mogli bolje da upoznaju Isusa, da mu se vernije pokoravaju i da jasnije odražavaju njegov karakter, i pojedinačno i kao crkvena porodica. Osim toga, zreli vernici se duhovno razmnožavaju tako što ljudima saopštavaju evanđelje i što pomažu drugim vernicima da rastu u Hristu.

Pavle izričito kaže da je cilj pastirske službe zrelost:

> On [Isus] je dao jedne za apostole, a druge za proroke, jedne za evanđeliste, a druge za pastire i učitelje, da pripremi svete za delo služenja, za izgradnju Hristovog tela, dok svi ne dođemo do jedinstva u veri i spoznanju Sina Božijega, do savršenog čoveka [Dimitrije Stefanović: „čoveka zrela"], do pune mere Hristovog rasta (Efescima 4,11-13).

Ako starešine budu dobro obavljale svoje dužnosti, vernici više neće biti „nejač", nego će u svemu „izrasti u njega, koji je Glava – u Hrista" (st. 14-15). Starešine treba da se trude kako bi mogle da kažu s Pavlom: „Mi njega objavljujemo, urazumljujući svakog čoveka i poučavajući svakog čoveka sa svom mudrošću da svakog čoveka dovedemo do savršenstva u Hristu" (Kološanima 1,28).

UPRAVLJANJE MAŠINOM

Ponovo uporedite način razmišljanja kod ustrojstva gde su starešine pastiri sa onim gde su starešine kao odbornici. Kad starešine same sebe smatraju pre svega članovima upravnog odbora, tada smatraju i da im je svrha da upravljaju organizacionim jedinicama crkve. „Uspeh" u tom slučaju verovatno znači izbegavanje dugova, održavanje prostorija i odobravanje novca za visokokvalitetne, dobro posećene programe i događaje. Starešine slične odbornicima su u iskušenju da više naglašavaju upravljanje mašinom nego odgajanje vernikâ u zrelosti.

Već smo zapazili da infrastruktura crkve kao ustanove *jeste* važna – tu, na primer, spadaju njena blagajna, način rada, programi, prostorije i zaposleni. Delotvorno upravljanje je služba i duhovni dar koji služi celom telu i starešinama pruža slobodu da vrše pastirsku službu. Malo razmišljanja o ustrojstvu omogućilo je Mojsiju u Starom i apostolima u Novom zavetu da rade ono na šta su pozvani i Božiji narod je zbog toga bio blagosloven (Izlazak 18,13-27; Dela 6,1-7). Starešine imaju odgovornost da nadgledaju infrastrukturu crkve čak i kad služe kao pastiri koji grade odnose.

Ali ovo je ključ: organizacija treba uvek da služi organizmu. Programi i procesi u najboljem slučaju predstavljaju alate za postizanje zadatka međusobne izgradnje do zrelosti u Hristu.

Znam iz iskustva da starešine lakše téže prema crkvenoj mašini nego prema njenim članovima – téže lakše prema špaliru nego ka lozi[2] – i znam da radije razgovaraju i trude se oko logistike nego oko razvoja ljudi. Nisam potpuno siguran zašto je to tako; možda zbog toga što se programima i pravilnicima lakše upravlja i lakše ih je planira-

---

2   Vidite knjigu Kolina Maršala i Tonija Pejna *Špalir i loza: Potpuni preobražaj poimanja službe*, izdavač: Projekat Timotej. Izvornik: *The Trellis and the Vine: The Ministry Mind-Shift That Changes Everything* (Kingsford, Novi Južni Vels, Australija: *Matthias Media*, 2009).

ti i postići, a pomaganje ljudima da rastu u Hristu je teško, nepredvidivo i sporo. Pastirsko staranje o ljudima zapravo je zadatak koji nećemo završiti dok smo živi i nad kojim nemamo potpunu vlast.

Starešine treba da se odupru težnji da budu puki upravitelji organizacije i treba stalno da usmeravaju zajednicu ka zrelosti u Hristu. Da biste im u tome pomogli, stavite neka od ovih pitanja na dnevni red sledećeg starešinskog sastanka:

➢ U čemu naša zajednica najviše odražava Isusa? U čemu ga ne odražavamo?

➢ Da li u crkvi postoje nerazrešeni sukobi u kojima kao starešine možemo probati da posredujemo u izmirenju?

➢ Da li znamo za neke članove koji su drsko i otvoreno skrenuli u greh ili za neke koji su prosto prestali redovno da dolaze u crkvu? Da li neko razgovara s njima?

➢ Koje biblijske knjige ili teološka učenja naši članovi treba da proučavaju ove godine? Zašto?

➢ Da li naši članovi znaju kako da evangeliziraju i da rade učeništvo? Da li to rade?

➢ Da li smo crkva koja se moli?

PREDAVANJE OGRTAČA

Kad je Isus odlazio na nebo, ovako je zapovedio svojim sledbenicima:

Zato idite i sve narode učinite mojim učenicima, krsteći ih u ime Oca i Sina i Svetoga Duha, učeći ih da se drže svega što sam vam zapovedio (Matej 28,19-20).

Isus je zapovedio svojim učenicima da rade isto što je on u prethodnih nekoliko godina radio s njima. On je bio okupio svoje učenike, odvojio ih i pomagao im da rastu poučavajući ih svojim zapovestima.

Dobri pastir nije samo položio svoj život za te ovce, nego je pre toga živeo među njima i preobražavao ih, učinivši ih svojim učenicima – ljudima koji su ga voleli, pokoravali mu se i o njemu govorili drugim ljudima. A sada ih je slao da i druge učine njegovim učenicima. Apostoli su preuzeli Isusov pastirski ogrtač i pozvali druge Hristove sledbenike, okupili ih kao crkve i poučavali ih pomažući im da rastu.

Kad su apostoli uspostavili te mesne crkve s učenicima, i sami su predali ogrtač pastirske službe koja je usredsređena na međuljudske odnose i zrelost. Kome su ga predali?

Crkvenim starešinama!

Poglavlje 3

POSLUŽITE BOŽIJU REČ

Mislim da su starešine bile preneražene.

Okupili smo se na godišnjem sastanku starešina da raspravljamo o ciljevima za sledeću godinu i da se prisetimo biblijskog opisa starešinskog posla. Kad smo došli do teme poučavanja, uputio sam im izazov: „Želeo bih da ove godine dvojica starešina propovedaju na jutarnjim nedeljnim bogosluženjima.“

Iako u nekim zajednicama dobrovoljne starešine propovedaju, naša crkva je propovedanje nedeljom ujutro uvek prepuštala plaćenim pastirima, a drugi su propovedali samo u hitnim i vanrednim slučajevima. Stoga me nije iznenadilo što su me starešine zbog tog predloga pogledale razrogačenih očiju i počele nervozno da se smeju.

Ali nije mi bio cilj da ih prenerazim, nego samo da ih poguram u ispunjavanju biblijskog naloga da poučavaju iz Reči. Ako su starešine pastiri koji se staraju za Isusove ovce, onda je njihov najosnovniji zadatak da duše crkvenih članova hrane Svetim pismom. Ovce bez hrane slabe i ugibaju, a hrišćani bez redovnog hranjenja biblijskim poučavanjem duhovno izgladnjuju.

Starešine se u mesnoj crkvi verovatno najviše prepoznaju po poučavanju. U Poglavlju 1 smo videli da je sposobnost poučavanja jedno od merila za starešine (Prva Timoteju 3,2). Zapazite da su Pavlovi spiskovi s merilima za starešine i đakone u Prvoj Timoteju 3 prilično slični, ali među njima postoji jedna upadljiva razlika: starešine moraju da budu sposobne da poučavaju iz Reči, a za đakone ne postoji takav zahtev. I starešine i đakoni treba da imaju hristolik karakter, ali samo starešine moraju biti vešte da objašnjavaju značenje i primenu Biblije. U Poglavlju 2 smo razmišljali o tome da starešine jesu pastiri. Nabrajajući službe koje je Isus darovao crkvi, Pavle je spojio pastirsko staranje i poučavanje: „On je dao jedne za apostole, a druge za proroke, jedne za evanđeliste, a druge za pastire i učitelje" (Efescima 4,11). Zapazite dve stvari. Prvo, svi nabrojani služitelji govore Božiju reč: apostoli su bili očevici koji su objavljivali Isusove reči i dela i zapisali ih u Sveto pismo; proroci objavljuju neposredne reči od Gospoda; evanđelisti razglašavaju evanđelje, a pastiri poučavaju mesne crkve. To nas dovodi do drugog zapažanja: reči *pastiri* i *učitelji* koje se nalaze u 11. stihu međusobno su povezane. U grčkom tekstu stoji samo jedan određeni član koji se odnosi na obe ove imenice pokazujući da one označavaju jedan pojam. Dakle, izraz „pastire i učitelje" ne odnosi se na dve službe, nego na jednu, koju možemo nazvati službom pastira-učitelja.

BOG VLADA SVOJOM REČJU

Ne treba da nas iznenadi što Bog zahteva od starešina da poučavaju njegov narod. On svojim narodom vlada pomoću svoje Reči, pa su stoga vođe Božijeg naroda uvek imale zadatak da saopštavaju Božiju reč.

Bog je izrekao svoja obećanja Avraamu, Isaaku i Jakovu, a oni su učili svoje porodice da veruju tim obećanjima i da se pokoravaju Bogu. Mojsiju je dao reči saveza, a Mojsije ih je preneo Izraelu (Ponovljeni zakoni 4,1). Zapovedio je izraelskim očevima da budu pastiri svoje dece i poučavaju ih Zakonu (Ponovljeni zakoni 4,9; 6,4-25), a ta zapovest je ponovljena i verujućim očevima iz crkve (Efescima 6,4). Izraelski sveštenici nisu imali zadatak samo da prinose žrtve, nego i da poučavaju narod Božijim uredbama (Levitska 10,10-11; Druga dnevnika 15,3; 17,7-9). Bog je vodio i popravljao svoj narod šaljući im proroke koji su objavljivali: „Ovako kaže GOSPOD". Čak se i od izraelskih careva očekivalo da ozbiljno proučavaju Božiji zakon (Ponovljeni zakoni 17,18-20). Zatim je došao Isus. Naš Dobri pastir je pre svega bio silan propovednik. Kad je video mnoštvo naroda, „sažali se na njih, jer su bili kao ovce bez pastira." I šta je učinio da ispuni njihovu potrebu za pastirom? „Poče mnogo čemu da ih uči" (Marko 6,34). Četiri evanđelja su prepuna Isusovih poredbenih priča, tumačenjâ, podsticajâ i razgovorâ. On je utelovljena Reč (Jovan 1,1, 14); ispunio je sve reči Starog zaveta (Matej 5,17; Luka 24,25-27, 44-47) i objavljivao je Božiju reč tokom cele svoje javne službe.

Nakon svog vaskrsenja Isus je svoju službu poučavanja i propovedanja predao apostolima (Matej 28,19-20). Kao što Isusove pouke ispunjavaju evanđelja, tako apostolske pouke ispunjavaju Dela apostolska i poslanice. Apostoli su svojim propovedanjem učinili neke ljude Hristovim učenicima, pa su ih okupili kao crkve, postavili u svakoj crkvi starešine i poverili im apostolsko učenje (Dela 14,23).

Odvojte trenutak da uživate u sledećim istinama. Isus je živ i vlada na nebu, a vlada i vašom crkvom. On u vašoj crkvi sprovodi svoju carsku vlast kroz Sveto pismo. Podanici mu se danas pokoravaju tako što se pokoravaju Svetom pismu. Dakle, ako ste starešina, svevladar Isus služi svojim podanicima kroz vaše poučavanje kad god verno poučavate iz Reči.

UČESTVUJTE U POUČAVANJU

Šta to praktično znači za starešine, to jest kako se odražava na njihov opis posla? Verujem da se odražava na dva načina. Prvi je valjda očigledan: starešine treba da *učestvuju* u crkvenoj službi poučavanja. Ako ste starešina, treba da se bavite objašnjavanjem Biblije.

Ali starešine se često ustručavaju od poučavanja, čak i one koje ispunjavaju merila i sposobne su da poučavaju iz Reči. To se dešava iz više razloga, među kojima je najčešći osećanje nesposobnosti. Dobrovoljne starešine se porede sa svojim plaćenim pastirima u prirodnim sposobnostima, iskustvu u poučavanju i teološkom obrazovanju, pa se ponekad obeshrabre. Pomisle: „Zašto bi članovi crkve hteli da slušaju amatera poput mene kad imamo zaposlene profesionalce?" Osim toga, dobrovoljni nadglednici često rade puno radno vreme van crkve i nemaju mnogo vremena za pripremanje pouka. Ko bi želeo da posluži ovcama polupečen obrok?

Ali ako ste starešina, onda *jeste* učitelj, pa stoga ne dozvolite da vas ti strahovi i ozloјeđenost spreče da poučavate. Ohrabrite se i vršite svoj poziv najbolje što možete na osnovu svojih sposobnosti i sredstava.

Ohrabrite se istinom da se poučavanje događa na razne načine i da nije ograničeno samo na propoved nedeljom ujutro. Starešine mogu da hrane stado i na velikim i na malim skupovima. Možete da poučavate iz Biblije na biblijskom času za odrasle, u kućnoj grupi ili u letnjoj biblijskoj školi za decu, a možete da poučavate i pojedince. Obratite pažnju gde je u crkvi potrebno poučavanje i uključite se da pomognete.

U našoj zajednici se nalazi mala grupa ljudi iz Kambodže. Tokom 1981. i 1982. godine neki naši članovi su im novčano pomogli da dođu u SAD tokom kambodžanske izbegličke krize. Mnoge od tih izbeglica su postale vernici i članovi crkve. Oni nedeljom imaju biblijski čas na kambodžanskom, kmerskom jeziku. Tokom godina me više puta dirnulo kad vidim kako ih starešine poučavaju uz prevodioca. Starešine su uvidele potrebu i prešle kulturnu i jezičku prepreku kako bi hranile stado. Ohrabrite se i činjenicom da dar poučavanja postoji u raznim jačinama i oblicima. Ako niste sposobni da držite pažnju velike zajednice četrdeset pet minuta, to ne znači da treba da odbacite poziv da poučavate. Prestanite s besplodnim poređenjem i nađite način da upotrebite Bogom dane darove, životna iskustva i lični sklop.

Jedan član moje crkve po imenu Majkl imao je srce za muškarce koji su slomljeni dugogodišnjim robovanjem grešnim zavisnostima; rad sa njima mu je bio na srcu pre svega zbog toga što ga je Isus izbavio od krivice i sile zavisnosti. Zato je započeo grupu za proučavanje Biblije na temu zavisnosti. To je bilo upravo to: proučavanje Biblije. Majkl nije koristio nikakav plan i program za oporavak, nego je prosto poučavao iz Biblije, ali su mu životno iskustvo i saosećanje omogućili da se s muškarcima koji se bore sa zavisnošću poveže na drugačiji način nego ja prilikom redovne nedeljne propovedi. On čak nije bio ni starešina, ali njegov primer pokazuje kako Bog koristi naša raznovrsna životna iskustva za poučavanje iz svoje Reči.

I poslednje, ohrabrite se jer učitelji Biblije mogu da napreduju. Svaki učitelj treba da sledi uputstva koja je Pavle uputio Timoteju:

Dok ne dođem, posveti pažnju javnom čitanju, bodrenju i poučavanju. Ne zanemaruj milosni dar koji je u tebi, koji ti je dat preko proroštva kada su starešine na tebe položile ruke. Marljivo se trudi oko toga, sav budi u tome, da tvoj napredak bude očigledan svima (Prva Timoteju 4,13-15).

Bog poziva svoje učitelje da napreduju, a ne da budu savršeni. Nemojte da se poredite s drugim učiteljima, nego upoređujte svoje sadašnje pouke sa svojim prošlogodišnjim poukama ili sa svojim poukama od pre pet godina; pritom gledajte u čemu ste napredovali. Napredujemo kad se „marljivo trudimo oko toga" (to jest oko „javnog čitanja, bodrenja i poučavanja") i kad smo sasvim „u tome".

Stoga koristite prilike za poučavanje. Pogurajte samog sebe. Ako u vašoj crkvi ima ljudi koji su teološki obrazovani, zamolite ih da vam preporuče neke knjige kako biste popunili rupe u svom znanju i zamolite druge učitelje i starešine da slušaju vaše pouke i da vam pruže osvrt. Ako vas vaš pastir koji redovno propoveda upita da li želite da propovedate u nedelju ujutru, preuzmite rizik i kažite „Da!"

ŠTITITE BIBLIJSKO UČENJE

Učiteljski rad starešine ima još jednu stranu. Pored toga što treba da učestvuje u poučavanju, nadglednik treba i da štiti crkvu od lažnog učenja. On po pitanju učenja treba da igra i napad i odbranu, da bude „prionuo uz verodostojnu Reč, koja je u skladu sa učenjem, da može ispravnim učenjem da bodri druge i uverava protivnike" (Titu 1,9).

Grabljivci love ovce. Kao što pastiri teraju lavove i vukove, tako starešine treba da teraju lažne učitelje. Pavle je starešinama u Efesu uputio sledeće upozorenje:

> Znam da će se posle mog odlaska među vas uvući krvožedni vuci, koji neće štedeti stado. Čak će se i među vama samima naći ljudi koji će iskrivljavati istinu da bi za sobom povukli učenike. Stoga budno pazite! Setite se da tri godine, ni noću ni danju, nisam prestajao da, sa suzama, urazumljujem svakoga od vas (Dela 20,29-31).

Pavle se sigurno posebno brinuo zbog lažnog učenja u Efesu, jer je u svom pismu toj crkvi ponovo naglasio važnost službe pastirskog poučavanja, koja je neophodna da bi vernici mogli da rastu i da se odupiru pritiscima i primamljivosti lažnog učenja. Ako zdravo učenje bude vršilo svoj uticaj, „više nećemo biti nejač kojom se poigravaju talasi i koju nosi svaki vetar učenja koje ljudskom prevarom i lukavstvom vodi u zamku zablude" (Efescima 4,14).

Stražarske strategije

Suprotstavljanje lažnom učenju zahteva budnost, što znači da starešine treba da paze da li neki ljudi ili ideje izvrću evanđelje ili Bibliju. Slede tri strategije za čuvanje stada.

ZNAJTE SVOJE OKRUŽENJE

Počnite proučavajući svoje duhovno okruženje. Upoznajte se s verovanjima, filozofijama i religijama koje postoje u vašoj društvenoj zajednici. Da li ljudi iz vaše crkve redovno dolaze u dodir s nekom drugom velikom religijom? Da li neka sekta ima veću zajednicu u vašem gradu? Upoznajte se s glavnim učenjima takvih grupa, posebno s tačkama u kojima su suprotna evanđelju i biblijskoj istini.

Istražite i razne filozofije – sekularizam, individualizam, racionalizam, relativizam; da li neke od njih utiču na razmišljanje ljudi među kojima živite? Kad ljudi iz vašeg mesta dođu u crkvu, uneće u nju i ta drugačija verovanja, pa će se u crkvi ponašati na osnovu tih filozofija, a da toga neće biti ni svesni. Svesno prozovite te poglede na svet kroz svoja poučavanja i razgovore.

Posebno obratite pažnju na to da li susedne crkve na neki način izvrću evanđelje; moguće je da takvih izvrtanja ima čak i u vašoj crkvi.

Tu spadaju „evanđelje" blagostanja, otvoreni teizam, legalizam i teološki liberalizam. Da li harizmatične vođe iz vaše okoline pridobijaju sledbenike poučavajući ih „evanđelju" jeftine milosti ili bilo kom lažnom evanđelju? Sva ta učenja mogu da naškode vašim ovcama.

NADGLEDAJTE POSTUPAK PRIMANJA U ČLANSTVO
Dok gledate duž obzorja svog pomesnog područja, ne zaboravite da držite na oku i ulazna vrata u ovčiji tor. Ko se priključuje vašoj crkvi? Da li novi članovi znaju kakvo je učenje vaše crkve? Da li se slažu s njim? Da li ste sigurni?

Kad postoji jasno određen postupak primanja u članstvo, to može značajno da vam pomogne u čuvanju crkve od lažnog učenja. Ljudi koji žele da postanu članovi vaše crkve treba pre priključenja da čuju u šta ona veruje. Moje starešine i ja smo tokom proteklih godina shvatili da su neke teološke osobenosti naše crkve teže prihvatljive od ostalih. Među njima su krštavanje vernika, reformatska teologija i muško starešinstvo. Zato na poukama za buduće članove svesno i otvoreno govorimo o tim spornim verovanjima. Ako neka osoba koja pohađa pouke odustane zbog tih učenja od članstva i ode iz crkve, bar znamo da smo bili pošteni prema njoj.

Jednako je važno da saznate i u šta veruju budući članovi vaše crkve. Neka starešine razgovaraju s ljudima koji žele da postanu članovi i neka ih otvoreno pitaju da li razumeju doktrinarna stanovišta crkve i da li se s njima slažu. Neke crkve traže čak i da novi članovi potpišu veroispovedanje crkve i time priznaju njena teološka gledišta.

Ovo bi trebalo da se podrazumeva, ali mi dozvolite da ipak napomenem: ljudima koji nisu članovi vaše crkve nipošto ne poveravajte ulogu redovnog učitelja.

ISPITAJTE CRKVENE SLUŽBE

Da li znate koje pouke se odvijaju u vašoj crkvi? Upotrebite svoj položaj starešine da se uvučete na omladinski sastanak ili da sednete u zadnji red na nekom ženskom sastanku. Povremeno pomozite u nedeljnoj školi. Kakvu duhovnu hranu primaju ljudi u vašoj crkvi? Da li je prvoklasna ili su u pitanju teološke splačine? Pažljivo slušajte muziku u svojoj zajednici. Šta reči pesama poručuju o Bogu, evanđelju i spasenju? Da li vaše pesme potkrepljuju ili narušavaju učenje vaše crkve? Ispitajte sve do nivoa članova crkve. Dobro pastirsko staranje se odvija kad starešine slušaju ljude. Šta ljudi čitaju? Da li prate neke propovednike na internetu? Ako članovi crkve jedni drugima oduševljeno preporučuju neku knjigu, verovatno bi i vi trebalo da je pročitate.

Ako ustanovite da neki vođa grupe za proučavanje Biblije ili učitelj biblijskog časa za odrasle ili neki ubedljiv govornik podrivaju zdravo biblijsko učenje, lično razgovarajte s njim. Ne dozvolite da se situacija pogorša, jer sama se sigurno neće popraviti. Apostoli su lažnim učiteljima upućivali svoje najoštrije prekore (Druga Petrova 2; Druga Jovanova 7-11; Juda 5-11), a Isus je ozbiljno upozorio crkve koje su ih primile (Otkrivenje 2,14-16, 20-23).

Poznavanje ispravnog učenja

Poznavanje prave biblijske istine verovatno je najvažnije sredstvo koje starešine imaju za odbranu stada od lažnog učenja. Starešina koji je „prionuo uz verodostojnu Reč, koja je u skladu sa učenjem" može „da [...] uverava protivnike" (Titu 1,9). Postoje brojna krivoverja i poluistine, ali samo jedna istina. Što bolje poznajete Bibliju, to ćete bolje primećivati čak i najistančanije lažno učenje.

Bila je jedna crkva čije vođe su smatrale da im je pastir odlutao od evanđelja. On je bio pametan čovek, obrazovaniji od starešina, i naizgled je mogao da dokaže svoj stav iz Svetog pisma, ali crkvene vođe nisu prihvatile to novo učenje uprkos njegovoj nadmoćnoj učenosti i rečitosti. Iako nisu mogli da pobede u raspravi protiv svog sveštenika, pa čak ni jasno da objasne gde je zastranio, bilo im je jasno da njegovo učenje odstupa od poruke koju poznaju. Suočili su se s pastirom i on je na kraju otišao iz crkve.

Nije vam neophodna diploma teološkog fakulteta da biste branili crkveno učenje, ali su vam potrebni hrabrost i vera.

NE PREKIDAJTE PRENOŠENJE BIBLIJSKOG UČENJA

Ovo poglavlje je poziv starešinama da se uključe u zaštitu zdravog biblijskog učenja i vi to možda već radite. U stvari, možda ste izvrstan učitelj koji može da raspetlja najzamršenije teološke čvorove i sveže najspretnije lažne učitelje, ali u vašoj službi poučavanja ipak postoji još jedan veliki problem: vi ćete umreti.

Kad budete umrli, za sobom ćete – po Božijoj milosti – ostaviti mnoge dobro poučene hrišćane, ali je pitanje hoćete li ostaviti i dobre učitelje koji će nastaviti taj rad? Drugim rečima, da li ste preduzeli korake za obučavanje drugih učitelja? Deo poučavanja crkve sastoji se i od obučavanja budućih pastira-učitelja, u skladu s onim što je Pavle rekao Timoteju: „A ono što si pred mnogim svedocima od mene čuo, to poveri pouzdanim ljudima, onima koji će biti sposobni i druge da pouče" (Druga Timoteju 2,2).

Da li ste u crkvi primetili nekog muškarca za kog vam se čini da bi bio dobar učitelj ili starešina? Razmislite o tome da se s njim redovno sastajete kako biste čitali teološke knjige ili proučavali Bibliju. Možda možete da ga uzmete za svojevrsnog šegrta u svojoj kućnoj grupi za proučavanje Biblije ili na nedeljnom biblijskom času za odrasle. Provedite ga kroz postupak sastavljanja pouke, dozvolite mu da poučava i onda mu saopštite svoja zapažanja. Zatim to učinite sa još nekim, pa sa još nekim, i tako u nedogled.

VEŽITE POJAS

Kevin je bio jedan od starešina koje su prihvatile moj izazov da propovedaju nedeljom ujutro. Ubrzo nakon što je pristao na taj zadatak, rekao mi je kako oseća sve jači poriv da dosegne svoj grad i da se pita poziva li ga Bog da učestvuje u tamošnjem osnivanju crkve. On je u tom gradu učitelj u srednjoj školi i trener trčanja i fudbala. Poznaje doslovno stotine ljudi u svojoj društvenoj zajednici. Kako savršena osoba za vođstvo nove crkve u tom mestu! Misao da bi uskoro mogao da propoveda jednog nedeljnog jutra udahnula je novi život u taj san.

Kevin sada stažira u našoj crkvi i rad mu je usredsređen na propovedanje. Proučava ekspozicijsko propovedanje Biblije putem internet kursa koji je sastavila Zadužbina Čarlsa Simiona (Simeon Trust). Koristi svaku priliku da poučava i da zatim čuje nečije mišljenje o svom poučavanju. Ne znam koji su njegovi sledeći koraci ni da li će mu se želja za osnivanjem crkve ostvariti – to je sve u Božijim rukama – ali vidim starešinu koji se uhvatio u koštac sa svojim pozivom da poučava, starešinu koji napreduje i usuđuje se da sanja velike snove za evanđelje.

Poglavlje 4

TRAŽITE ZALUTALE

U pitanju je suviše česta pojava u našim crkvama: Neki član crkve prestane da dolazi nedeljom ujutro, a prođe po nekoliko nedelja, pa i po nekoliko meseci, pre nego što to neko primeti. To se možda lakše događa u većim crkvama, ali može da se dogodi i u malim. Ljudi iz moje zajednice to zovu „propadanje kroz pukotine“. Kažu: „Da li si skoro video Sali u crkvi? Nadam se da nije propala kroz pukotinu.“ Samo, da li je to u pitanju? Da li je ta pojava zaista slična propadanju kroz pukotine? Takav opis poistovećuje crkvu s kućicom na drvetu koja je visoko nad zemljom i ima velike razmake između drvenih dasaka na podu. Povremeno se dogodi da član crkve ne pazi, stane u pukotinu i nestane uz fijuk. Da li članovi zaista naglo nestaju iz crkve? Da li se to događa slučajno i bez prilike da ljudi to primete?

Šta ako umesto izraza „propasti kroz pukotine“ upotrebimo drugu sliku: „odlutati od stada“? Izgleda da je ta slika prikladnija iz najmanje dva razloga. Prvo, reč „odlutati“ podrazumeva da je crkveni član koji se odvojio od zajednice lično odgovoran da ostane povezan s njom. Ovce obično ne napuštaju stado tako što se nehotično strovale u provaliju, nego postepeno odlutaju zbog niza donetih odluka.

Drugo, slika odlutale ovce ukazuje i na to da neko treba da pazi na stado i da treba nešto da preduzme kad neka ovca počne da se odvaja. Da, svaki član je lično odgovoran da ne švrlja, ali svi članovi crkve su dužni da paze jedni na druge. A jedna grupa ima posebnu dužnost da budno pazi na ovce koje lutaju: starešine.

ČUVANJE OVACA

U Poglavlju 3 smo videli da starešine treba da paze kako se „vuci" s lažnim učenjem ne bi uvukli u njihovu zajednicu. Ali starešine treba da paze i na neželjeno kretanje u drugom smeru: na članove koji počinju da lutaju od stada i od Gospoda. To je sastavni deo osnovnog pastirskog rada. Pastiri hrane ovce, štite ih od grabljivica i prate šta se s njima događa.

Sećate se kad je Jakov pričao o mukotrpnom radu koji je obavljao čuvajući Lavanova stada? Žalio se na to koliko se umarao pazeći na Lavanove ovce i na to što mu je podnosio račun za svako grlo. U njegovoj žalbi vidimo budno i odgovorno pastirsko staranje.

> Za ovih dvadeset godina koliko sam bio kod tebe, tvoje ovce i koze nisu se jalovile, niti sam ja jeo ovnove iz tvojih stada. Nisam ti donosio životinju koju su rastrgle divlje zveri, nego sam sâm nadoknađivao gubitak. Ti si od mene tražio da ti platim za sve što je ukradeno bilo danju ili noću. Evo kako mi je bilo: danju me morila vrućina, a noću studen, pa nisam mogao da spavam (Postanje 31,38-40).

Suprotno tome, Jezekilj je prorokovao protiv izraelskih vođa i optužio ih za nemarno obavljanje pastirske službe: „Teško pastirima Izraelovim, koji se staraju samo o sebi! Zar pastiri ne treba da napasaju stado?" (Jezekilj 34,2). U čemu to nisu bili odgovorni? „Niste vraćali zalutale ni tražili izgubljene" (st. 4). Zbog toga je bilo ovako:

„Moje ovce su lutale po svim gorama i visokim brdima, raspršile se po celoj zemlji, i niko nije pitao za njih ni tražio ih" (st. 6).

Stoga je Bog objavio da će lično doći da traži zalutale ovce svog naroda:

Jer, ovako kaže Gospod GOSPOD: Evo, sâm ću potražiti ovce i starati se za njih. Kao što se pastir stara o svom rasutom stadu kada je s njim, tako ću se ja starati o svojim ovcama (Jezekilj 34,11-12).

Tako je Bog došao u Isusu, okupljajući izgubljene ovce u novo stado. Isus je služio carinicima i grešnicima, a svoju službu je uporedio s pastirom koji ostavlja devedeset devet „pronađenih" ovaca kako bi tražio jednu izgubljenu (Luka 15,1-7). Za sebe je rekao da je dobri pastir koji će položiti svoj život za ovce i koji će dovesti i „druge ovce" – neznabošce (Jovan 10,14-16).

Upravo tu se uklapaju crkvene starešine. One služe kao Isusovi potpastiri, pazeći na stada koja su Isus i njegovo evanđelje spasli i okupili. Starešine se s pravom nazivaju „nadglednicima", jer „bde nad vašim dušama kao oni koji će polagati račun" (Jevrejima 13,17). To je jedan od razloga što je dobro upravljanje svojom porodicom jedan od zahteva za starešine (vidite Poglavlje 1). Dobro roditeljstvo zahteva pažljivo nadgledanje dece i porodične dinamike, a isto zahteva i dobro pastirsko staranje.

ODGOVORNOST ZA KOGA?

Ova rasprava o nadgledanju nameće jedno ključno pitanje: Na koga starešine treba da paze? Pošto su starešine pastiri koji će polagati račun poput Jakova, za koga su zapravo odgovorne pred Bogom? Sigurno nisu duhovno odgovorne za sve hrišćane sveta. To znači da starešine imaju odgovornost da paze samo na one koji dolaze u njihovu crkvu. Zar ne?

Pa, možda. A možda i ne. Da li starešine treba da nose teret duhovne odgovornosti za nekoga ko je u crkvi bio jednom ili dvaput? Koliko dugo i koliko redovno neko treba da dolazi na nedeljna bogosluženja da bi se „zvanično" smatrao pripadnikom tora koji starešine nadgledaju? Šta ako neko redovno dolazi na kućno proučavanje Biblije, ali ne i na bogosluženja? I da li postoji razlika kad je neko ko redovno dolazi vernik i kad nije? Izgleda da biblijska pastirska služba zahteva jasnu definiciju stada. Starešine treba da razlikuju ljude za koje su odgovorne kao pastiri i ljude prema kojima treba da se ophode prosto kao prema hrišćanskoj braći i sestrama. Drugim rečima, za starešinsku službu je neophodno da se odredi pojam crkvenog članstva.

STAREŠINSKA SLUŽBA I ČLANSTVO

Crkveno članstvo postiže dve ključne stvari: Prvo, ono *označava* ljude koji su Isusovi učenici. Članstvo u crkvi ljude ne čini hrišćanima, ali potvrđuje da su hrišćani. Isus je pomesnim crkvama dao vlast da „svezuju" i „razrešuju" (Matej 18,18), da krštenjem označavaju ko su ovce, da ih primaju u članstvo (28,18-20) i da isključenjem uklanjaju obeležje članstva (18,15-17). Kad neko želi da postane član crkve, saopštava svoju želju crkvi i kaže: „Ja sam Isusov učenik", a crkva kaže: „Da, mislimo da jesi!" (ili, u retkim slučajevima: „Ne, mislimo da nisi!"). Kada nekoga isključuje iz članstva, crkva zapravo kaže: „Možda si istinski hrišćanin, ali tvoj greh za koji se ne kaješ nam ne dozvoljava da i dalje potvrđujemo da jesi."

Drugo, crkveno članstvo – pored toga što označava ljude koji su hrišćani – *okuplja* prepoznate vernike u određenu zajednicu, gde se oni obavezuju jedni drugima. Apostoli su činili ljude Isusovim učenicima propovedajući evanđelje i zatim su krstili i okupljali te učenike u pomesne crkvene zajednice kako bi ovi primali pouke o izvršavanju Isusovih zapovesti. Pritom su u svakoj crkvi postavljali starešine koje će je voditi i poučavati. To vidimo u rečima koje je Pavle uputio svom saradniku Titu: „Ostavio sam te na Kritu radi toga da središ ono što je ostalo nedovršeno i da po gradovima postaviš starešine, kao što sam ti naredio" (Titu 1,5). Da li sada uviđate da crkveno članstvo zapravo omogućuje čitav projekat starešinskog nadgledanja?

Dakle, crkveno članstvo označava Isusove učenike, pa pastir-starešina zna ko su ovce. Ono okuplja Isusove učenike u zajednice, pa svaki starešina zna koje ovce su pod njegovim nadgledništvom. On će Bogu polagati račun *za njih* (Jevrejima 13,17). To ne znači da starešina treba da bude nezainteresovan ili nesaosećajan prema nekome ko nije član njegove crkve a dolazi na bogosluženja, ali znači da starešina u odnosu prema članovima ima određenu vlast i odgovornost koju nema prema drugim ljudima.

Crkveno članstvo istovremeno podseća celu zajednicu da bude svesna međusobne odgovornosti. Starešine treba da imaju vodeću ulogu u traženju zalutalih ovaca, ali nisu jedini stražari. Članstvo podrazumeva međusobnu odgovornost i međusobno staranje u celom telu.

Da li vaša crkva ozbiljno shvata da joj je potreban pristup starešinstvu koji je usklađeniji s Biblijom? Da li razmišlja da usvoji starešinsko ustrojstvo? Obavezno istovremeno radite i na crkvenom članstvu.[1] Negovanje crkvenog članstva stvara sredinu za delotvornu starešinsku službu.

---

1 Knjiga Džonatana Limana *Church Membership: How the World Knows Who Represents Jesus* (Crkveno članstvo: Kako svet zna ko predstavlja Isusa, prim. prev.), Viton, Ilinoj: *Crossway*, 2012, predstavlja odličan uvod u crkveno članstvo.

PET VRSTA LUTAJUĆIH OVACA

Pretpostavite na trenutak da ste starešina koji shvata da je pozvan da drži jogunaste članove na oku. Pretpostavite i da vaša crkva neguje crkveno članstvo, pa stvarno znate na koga treba da pazite. Šta sad? Kako treba da pazite? Na šta treba da obratite pažnju? Sledi pet načina na koje crkveni članovi obično zalutaju. Ako tokom kretanja među ljudima iz svoje pomesne crkvene zajednice čujete da je neki član u jednoj od sledećih situacija, obratite pažnju: taj brat ili sestra možda već lutaju.

Ovce u grehu

Hajde da počnemo s lakom situacijom – lakom za prepoznavanje, ali ne uvek i za rešavanje. Ako otkrijete da neki od članova vaše crkve otvoreno živi u grehu, onda je u pitanju lutajuća ovca kojoj treba pomoć.

Svaki član crkve se bori sa grehom, a tako i svaki starešina. Jovan je zapisao: „Ako tvrdimo da nemamo greha, sami sebe zavaravamo i u nama nema istine" (Prva Jovanova 1,8). Ali neki gresi su očigledniji od drugih, a neki članovi povremeno prestanu da se bore i upuste se u neposlušnost. Dakle, kad starešina primeti nečiji greh, a ta osoba se ne kaje, treba da skupi hrabrost, da se pouzda u Gospoda i da ponizno prekori tog člana crkve baš kao što nas je Isus učio (Matej 18,15-17).

Taj zahvat ponekad urodi plodom. S radošću se sećam kako sam jednom prilikom prekorio jednog člana koji je bio upetljan u greh i kako je Gospod, uprkos mojoj strepnji, doveo tu osobu do pokajanja. Ali ne bude uvek tako. Znam za starešinu koji je bio toliko rešen da razgovara s jednim članom crkve koji živi u grehu, ali je stalno vrdao, da je u vreme pauze za ručak parkirao ispred njegovog preduzeća u nadi da će konačno moći da ga prekori za greh. Nažalost, taj član ga je izbegao i nikad se nije ni pokajao ni vratio u crkvu.

Zabasale ovce

Zabasale ovce se polako odvajaju od crkve jer ih privlače druge aktivnosti i zanimanja. To može da bude gust raspored putovanja, nemudar izbor dečijeg sporta koji odvaja porodicu od nedeljnog bogosluženja ili kupovina kuće koja zahteva mnoge popravke i oduzima cele vikende. Ponekad se dogodi da mlađi članovi odu na fakultet, vrate se u greh i ne vrate se ni crkvi ni Gospodu. Ponekad se ljudi žale kako ne osećaju da su deo crkve i zato prestanu da dolaze.

Bez obzira na uzrok, ti članovi nisu poslušali nalog iz Poslanice Jevrejima: „Pazimo na to da jedan drugoga podstičemo na ljubav i dobra dela. Ne propuštajmo svoje sastanke, kao što neki imaju običaj" (Jevrejima 10,24-25). Zaboravili su da crkveno članstvo podrazumeva redovno povezivanje s drugim članovima kako bi se podsticali „ljubav i dobra dela". Neko bi možda rekao da ove zabasale ovce, koje ne dolaze na bogosluženja, zapravo i nisu tako loše, ali one zapravo žive u grehu jer nisu poslušne ovoj zapovesti iz Pisma.

Starešine, obratite pažnju na članove s prenatrpanim životima i s ljubavlju ih podsetite da ne istisnu crkveno zajedništvo i bogosluženja iz svog života.

Ovce koje hramlju

Isus nam nije obećao odsustvo bola i patnje. Hrišćani dobijaju otkaze, doživljavaju raskide, boluju od dijabetesa tipa 2, doživljavaju sudare na autoputevima i primaju pozive za sud. Aktivni vernici stare i postaju nepokretni. Članovi koji tako pate su ovce koje hramlju i u opasnosti su da zaostanu jer ne mogu da prate brzinu stada. Stoga je potrebno da neko uspori i hoda uz njih. Jaka tegoba može da baci u očaj čak i najjače vernike i da im oteža održavanje normalnih veza sa crkvom. Ako je Jov imao svoja ograničenja – a bio je čovek neuporedivog strpljenja i vere – onda ih imaju i ljudi iz vaše crkve.

Kad saznate da neki član vaše crkve prolazi kroz veliku oluju, vreme je da mu priteknete u pomoć. Da li drugi članovi crkve, prijatelji i članovi grupe za proučavanje Biblije podržavaju tog brata ili sestru? Da li on ili ona imaju neke potrebe kod kojih bi đakoni mogli praktično da pomognu? Da li su vesti o nevoljama tog člana dospele u molitveni krvotok vaše zajednice? Kao starešine ćemo često najbolje služiti članu koji pati tako što ćemo obavestiti i pokrenuti crkveno telo, nudeći istovremeno i ličnu pomoć, molitvu i savet.

Neverovatno je koliko ovce koje hramlju cene čak i najmanji znak brige. Zagrljaj i molitva u predvorju crkve nakon bogosluženja, ohrabrujuća poruka ili kratka poseta mogu da ohrabre člana koji pati da nastavi da se bori još mesec dana. Upravo sam prošle sedmice pitao jednu ženu iz naše zajednice kako joj je muž. On ima ozbiljnih zdravstvenih tegoba zbog kojih ponekad ne može da dođe na bogosluženje. Ispričala mi je o njegovom trenutnom stanju, a zatim je pohvalila jednog od naših starešina koji je odvojio vreme da ih poseti. Ta jedna, jednostavna poseta podigla je njihovu veru i ulila im snagu da istraju.

I najmanja sitnica znači. Pomozite povređenim članovima crkve kad god vam Gospod skrene pažnju na njih.

Ovce koje se svađaju

Verovatno ćete to teško poverovati, ali čuo sam da postoje crkve gde se članovi svađaju. Naravno, to se nikad nije desilo u mojoj crkvi, a sigurno ni u vašoj. Ako je vaša crkva poput moje, onda svi članovi imaju iste stavove o politici i muzici za slavljenje, svi odbori imaju isti pristup rešavanju problema i upravljanju novcem i niko nikome ne greši. Je li kod vas tako?

Nije ni kod nas. U stvari, kad uzmem u obzir raznolikost ličnih sklopova i životnih istorija naših članova i našu trajnu sklonost ka grehu, čudim se što imamo i ovoliki sklad u crkvi. Nema sumnje da je u pitanju rad Svetog Duha.

Kad članovi crkve ukrste rogove – što se neizbežno događa – nastaje velika opasnost da zalutaju. Ljudi u tim okolnostima brzo nestaju uz reči: „Crkva ne bi trebalo da bude takva. Ne mogu da slavim Boga jer osećam svu tu napetost. Odlazim."

Članovi koji se prepiru treba da se pomire radi Božije slave i radi evanđelja, ali za to će im verovatno biti potrebna pomoć. Posrednik će možda trebati čak i najzrelijim Isusovim učenicima. Pavle je prozvao svađu između svoje dve saradnice: „Preklinjem Evodiju i preklinjem Sintihu da budu složne u Gospodu" (Filipljanima 4,2), a zatim je zamolio crkvu da im pomogne: „Da, i tebe molim, odani druže, pomaži im, jer su se sa mnom rame uz rame borile u propovedanju evanđelja" (st. 3).

Starešine, nemojte žmuriti na svađe među članovima nadajući se da će se rešiti same od sebe. To se retko događa. Možda ćete biti u iskušenju da ih izbegavate i da se na njih ne osvrćete jer ste normalna osoba koja ne uživa u prekidanju svađa. Ali setite se Isusovih reči: „Blago mirotvorcima, jer oni će se zvati Božiji sinovi" (Matej 5,9). Čvrsto se držite tog blaženstva. Pozovite zavađene članove na razgovor i vidite da li će Bog nešto učiniti. Ne zaboravite, cilj starešine je da ovce budu zrele (vidite Poglavlje 2). Sukobi su izvanredne prilike da ljudi rastu u Hristu.

Ovce koje ujedaju

Ali šta ako neki član ima nešto protiv svog pastira-starešine? Šta ako vas ovce ujedu kad pokušate da im se približite? Kako da se starate o nekome ko beži upravo od vas?

Odgovor na to pitanje može veoma da se razlikuje u zavisnosti od okolnosti i od ljudi koji su uključeni, ali bez obzira na sve osobenosti datih okolnosti, postoje tri stvari koje starešina treba da učini kad god ga neko proverava.

➤ Zamolite nekoliko drugih starešina da vam pomognu u radu s ozlojeđenim članom. U Poglavlju 6 ćemo videti da je to jedan od razloga što je Bog odredio da u svakoj crkvi bude više starešina. Taj običaj nazivamo „višečlano starešinstvo". Starešine treba da paze jedni na druge jer i pastiri su ovce. Ponizite se i dozvolite da vas druge starešine s ljubavlju ispitaju. Ako taj član nije u pravu, neka vas druge starešine opravdaju.

➤ Čuvajte svoje srce od samoopravdavanja, gneva i prezira. Kad zamolite druge starešine za pomoć, ne pokušavajte da ih pridobijete na svoju stranu. Trudite se da održite ljubav i saosećanje prema ljudima koji vas kritikuju.

➤ Kad se sastanete sa svojim nezadovoljnim bratom ili sestrom, pažljivo slušajte. Tokom godina sam shvatio da čak i moji najljući, najnemilosrdniji kritičari obično ne govore bez osnova. Možda preteruju i govore na nezreo i grešan način, ali obično je u pitanju reakcija na *nešto* s čime treba da se suočim.

ČUVANJE OVACA: POZIV OBLIKOVAN EVANĐELJEM

Traženje zalutalih članova u opisanim situacijama verovatno je najteži i najneslavniji deo starešinske službe. Crkva vas hvali i poštuje kad održite pouku; osećate duboko zadovoljstvo kad se molite za članove i oduševljeno učestvujete u radu starešinskog tima koji donosi odluke istorijskih razmera, ali koju ličnu korist imate kad prekorite preljubnika ili gurnete nos u prepirku koja već dugo traje? I ko stvarno želi da sedi i sluša besni par kako u sitna creva govori o svemu što ste im vi i crkva, po njihovom mišljenju, učinili nažao? Zar svi i onako nemamo već dovoljno drame u životu? Zašto biste uskakali u tuđe blato? Evo jednog razloga: starešine ozbiljno otelotvoruju evanđelje kad traže zalutale članove. Čuvanje ovaca i traženje zalutalih zapravo je služba poput Isusove.

Dobri pastir je došao na ovaj svet da traži i spase izgubljene. Jagnje Božije došlo je da umre za ovce koje greše i ne kaju se – ovce poput nas. Veliki lekar je došao da previje bolesne ovce koje hramlju slomljene grehom. Knez mira je zagazio u naš svet razrušen ratom i razoren nebrojenim neprijateljstvima. A kad smo ga vređali, udarali i proboli, nije otvorio svoja usta.

Isus nije morao da dođe, ali je ipak došao. Starešine koje preduzimaju korake da pomognu ljudima uprkos ceni koju moraju da plate, zapravo sprovode evanđelje koje propovedaju.

63

Poglavlje 5

VODITE BEZ GOSPODARENJA

Situacija je postajala sve gora. Vodeći pastir i pomoćni pastir se nisu lično dogovorili o nekoliko veoma važnih pitanja, uključujući i teologiju i pristup obavljanju crkvene službe. Njihovi različiti stavovi su stizali do zajednice kroz propovedi. Napetost je postajala sve veća i počela je da stvara podele u crkvi.

Kad mi je taj pomoćni pastir izložio situaciju, upitao sam ga: „Zar vaša crkva nema starešine?" Odgovorio je da ima, a ja sam nastavio: „Koje korake su preduzele da reše ovaj sukob?"

„To upravo i jeste glavni problem", rekao je. „Ne znaju šta da rade. I oni šalju različite poruke. Nekad kažu da žele da ostanem u timu, a nekad mi se čini kako misle da se suviše razlikujem od svog šefa."

Saosećao sam sa svima koji su uključeni u tu situaciju. Srce me je bolelo zbog dva pastira koja vole Gospoda, ali imaju veoma drugačije pristupe službi, a razumeo sam i te starešine. To su verovatno bili dobri ljudi koji žele da služe crkvi, ali su se našli na buretu baruta – u zamršenom sporu između svojih pastira koje poštuju. Nije ni čudo što su bili oduzeti. Zar takva zbrka ipak nije bila prevelik zalogaj za njih?

Ali pastirima i crkvi su upravo bile potrebne starešine koje su spremne da zagaze u zapetljanu situaciju i da povedu.

KO KAŽE?

Možda vam se čini da je poglavlje o vođstvu suvišno u knjizi o starešinama. Zar nije očigledno da su starešine zapravo crkvene vođe? Možda, ali ponekad ne vidimo očigledno kad stvari postanu zamršene.

Starešine mogu lako da pomisle kako nisu dovoljno stručne da vode crkvu, pogotovo tokom napetih situacija, pa počnu da razmišljaju na sledeći način: „Nemam diplomu teološkog fakulteta. Nisam obučen za upravljanje crkvom. S ovolikim mnoštvom porodičnih obaveza i s punovremenim poslom nemam dovoljno vremena za rešavanje ovog problema. Iskreno rečeno, osećam da nisam ništa više od običnog člana crkvenog odbora." Ko su dobrovoljne starešine da menjaju dugogodišnju filozofiju međunarodne misije svoje crkve, da vode zajednicu kroz skupo proširivanje prostora ili da razmatraju pritužbe na nedolično ponašanje zaposlenikâ crkve?

To se možda pitaju i članovi crkve. Oni ponekad sarađuju s dobrovoljnim starešinama dok god starešine vode crkvu u pravcu koji se sviđa dotičnom članu, ali kad izaberu pogrešno skretanje, taj član odbija da ide dalje. Takvi članovi se obično žale sledećim rečima: „Šta on misli, ko je? Deset godina smo bili u istoj kućnoj grupi za proučavanje Biblije. Nije ništa bolji od mene, a sad odjednom donosi važne odluke."

Možemo da odemo čak i korak dalje i da dovedemo u pitanje osnovanost starešinske vlasti u širem kontekstu naše današnje kulture. Ljudi su ovde na Zapadu obično sumnjičavi prema vođama. Rado kritikujemo vlast, sastavljamo teorije zavere i zviždimo protiv vođa. Što je vođa veći, to mu je pad teži, a svet se tome glasnije raduje. Pošto sedište vlasti više nije u spoljašnjim ustanovama nego u unutrašnjim predosećajima, svako je postao svoj vladar. Kad uzmemo tu atmosferu u obzir, postavlja se pitanje ko je starešina – a kamoli crkva – da bilo kome kaže kako da živi ili šta da veruje? Da li starešine stvarno imaju vlast da vode ljude u crkvi?

OVLAŠĆENI DA VODE

Hajde da počnemo razmatrajući tri međusobno zamenjiva naziva koji se za ovu ulogu koriste u Novom zavetu. Iako svaki od njih ima pomalo drugačiji prizvuk, svi sadrže pojam vlasti i vođstva:

> *Starešina.* Ovaj naziv podrazumeva mudrost i iskustvo; kod starešine idete da vas savetuje i usmeri; starešine imaju moralnu vlast; kad one govore, ljudi slušaju.

> *Pastir.* Pastiri upravljaju stadima i vode ovce od mesta do mesta. Možete li da zamislite pastira kome nije stalo do toga kuda je stado odlutalo?

> *Nadglednik.* Ovaj naziv označava nekoga ko nadgleda stvari ili ljude.

Ponovo razmislite o sledećih nekoliko tekstova koje smo već proučavali. Dok ih budete čitali, zapazite da pisac u svakom od njih pretpostavlja da nadglednici crkve imaju vlast da vode crkvu, a da članovi crkve imaju odgovornost da poštuju tu vlast i da joj se potčinjavaju:

Ko ne ume da upravlja svojim domom, kako će se starati za Božiju crkvu? (Prva Timoteju 3,5).

Starešinama koje dobro upravljaju treba ukazati dvostruku čast, pre svega onima koji propovedaju i poučavaju (Prva Timoteju 5,17).

Molimo vas, braćo, da odajete priznanje onima koji se među vama trude, koji su vam pretpostavljeni u Gospodu i opominju vas. Cenite ih iznad svega, u ljubavi, zbog njihovog dela. Među sobom živite u miru (Prva Solunjanima 5,12-13).

Slušajte svoje vođe i pokoravajte im se. Oni bde nad vašim dušama kao oni koji će polagati račun (Jevrejima 13,17).

Starešine upravljaju, vode, opominju i bde nad članovima crkve, a članovi za uzvrat priznaju njihovu vlast, visoko ih cene i slušaju ih. Crkve se međusobno razlikuju po ustrojstvu. Kongregacijski ustrojene crkve poput moje imaju drugačije ustrojstvo od prezbiterijanskih crkava, a ni oni ni mi ne prihvatamo episkopalno ustrojstvo, pa za razliku od naših anglikanskih prijatelja nemamo episkope i arhiepiskope. Ali sve crkve ipak treba da se slože bar oko jedne stvari koja se zasniva na biblijskom učenju: Jasno je da je Bog starešinama dodelio određeni stepen vlasti da upravljaju događanjima u pomesnim zajednicama.

SKRIVANJE MEĐU PRTLJAGOM

Ako ste starešina, zasučite rukave i vredno radite predvodeći svoju crkvu. Ne morate da imate sve odgovore i sigurno nećete sve raditi baš kako treba, ali Isus vam je poverio predvođenje njegovog stada. Vašoj crkvi je potrebno da vi preduzmete prve korake i da ocrtate put kojim će se ići napred.

Možda ćete biti u iskušenju da postupite kao car Saul. Iako ga je Bog izabrao i preko Samuila ga pomazao za cara, Saul se sakrio među prtljagom kad je došlo vreme da se pojavi pred narodom. Mora da je stvarno pronašao odlično skrovište, jer je narod morao da pita Boga gde je skriven: „Stoga upitaše GOSPODA:»Da li je taj došao ovamo?« A GOSPOD odgovori:»Eno se krije među zalihama«" (Prva Samuilova 10,22). Brate starešino, nemoj da se kriješ kad je crkvi potrebno da je neko predvodi. Vreme je da ispuziš ispod putne torbe, da izađeš iz pretinca za prtljag i da sedneš za volan.

Moja zajednica je već mnogo puta doživela blagoslov zbog hrabrih dobrovoljnih starešina koje su povele u ključnim trenucima, baš kad je bilo potrebno. Mislim na Džona, koji nas je spretno proveo kroz prerađivanje ustava crkve samo nekoliko godina nakon njene bolne podele; zajednica je jednoglasno prihvatila njegovu preradu ustava. Sedeo sam sa Timom na više napetih sastanaka i posmatrao kako strpljivo i smireno stišava žučne rasprave među članovima, pa čak i među zaposlenima crkve. Sećam se kako je Met ujedinio crkvu jasno i šarmantno objašnjavajući zašto je potrebno da proširimo crkvenu zgradu. Zahvalan sam za Rika i Kleja, koji su nam pomogli da prođemo kroz složeni postupak traženja pomoćnog pastira; našli smo sjajnog čoveka. Naša zajednica verovatno ne shvata koliko je Erik učinio za nju nepopustljivo podstičući druge starešine da budu pastiri članovima crkve.

Dok ovo pišem, zahvaljujem Bogu za Bila. On trenutno traži posao i koristi svoje slobodno vreme i stručnost iz oblasti organizacije rada i upravljanja timovima da mi pomogne da se pastirski staram o zaposlenima naše crkve. Istovremeno me poučava o vođstvu. Bonus!

Mogao bih da ispunim ostatak ovog poglavlja imenima i pričama iz svoje lične aleje slavnih starešina. Za mene je bila čast da sarađujem s ljudima koji su dovoljno voleli ovo stado da donesu teške odluke, da uspostave pravilnike oblikovane evanđeljem, da se naprežu da održe jedinstvo crkve, da istraju kroz razdoblja nazadovanja i da žrtvuju sate za zajednicu na sastancima, u razgovorima i na molitvama. Vlast u rukama pobožnih ljudi punih ljubavi donosi pomesnim crkvama život, jedinstvo i plodnost, a crkve primaju dobro kad poštuju tu vlast (Jevrejima 13,17).

VLASTOLJUBLJE

Možda i dalje niste ubeđeni. Da li vas sva ova rasprava o starešinskoj vlasti uznemiruje? Da li oklevate da je prihvatite bez obzira na biblijske tekstove koji je dokazuju? Možda vaše iskustvo pokazuje da starešine nisu toliko poput Saula koji se kamuflirao glumeći kofer kako bi izbegao presto, nego više kao Saul tokom svoje kasnije karijere, kad je bacao koplje na Davida iz ljubomornog straha da će mu taj dečak iz Vitlejema preoteti krunu (Prva Samuilova 18,9-11). Možda smatrate da prava pretnja nije stidljivost starešina, nego njihova tiranija.

Poznajem jednog mladog hrišćanina koji je želeo da služi u pomesnoj crkvi. To je bila mala zajednica kojoj bi njegovi darovi dobro došli, ali je taj mladi vernik naišao na zid: na jednog od crkvenih starešina. Taj starešina je učestvovao u osnivanju te crkve i stoga je u njoj imao vlast koju je ponekad koristio na veoma oštar način. Bio je jedan od „šefova" zajednice i nije se ustručavao da vam to stavi do znanja. Nažalost, tom starešini se nije dopadalo ono što je mladić imao da ponudi crkvi, a tako ni promene koje je ovaj želeo da uvede. On zapravo ni inače nije bio oduševljen promenama. Kad se prašina slegla, mladić je tiho otišao, ranjen i razočaran.

Dovoljne su jedna ili dve prepirke sa starešinom koji želi da vlada i čovek postaje sumnjičav prema izrazima „pastirska vlast" i „duhovno staranje". Na kraju krajeva, zar se vođe kultova ne razbacuju baš tim izrazima kako bi upravljali ljudima?

VOĐENJE BEZ GOSPODARENJA

Isus i apostoli su razmišljali o istoj stvari kao i vi. Ovlastili su starešine da vode, ali su korenito preokrenuli vođstvo u ponizno, požrtvovano služenje Hristovim sledbenicima. Petar je potvrdio da je odgovornost starešine da nadgleda stado i da se o njemu pastirski stara (Prva Petrova 5,2), ali je u isti mah pozvao starešine da vode na blag i uzoran način, „ne kao gospodari nad onima koji su vam povereni, nego kao uzori stadu" (st. 3).

Petar se tu možda sećao onoga čemu je Isus naučio i njega i svoje druge učenike o istinskoj vlasti i veličini u Božijem carstvu:

Znate da vladari narodâ gospodare[1] njima i velikaši ih drže pod vlašću. Ali neka među vama ne bude tako. Nego, ko hoće da bude velik među vama, neka vam bude služitelj, i ko hoće da bude prvi među vama, neka vam bude sluga, baš kao što ni Sin čovečiji nije došao da mu služe, nego da služi i da svoj život dâ kao otkupninu za mnoge (Matej 20,25-28).

Kad je Dobri pastir položio svoj život za ovce, nije ih samo otkupio od greha, nego je za svoje otkupljeno stado uspostavio novu definiciju veličine i vlasti.

Isus je prilikom poslednje večere prenerazio svoje učenike opravši im noge, a zatim je ovako objasnio taj svoj postupak:

Pa ako sam ja, Gospod i Učitelj, oprao noge vama, onda treba i vi da perete noge jedan drugom. Dao

---

1 Zanimljivo je da je ovde, u Mateju 20,25, upotrebljena ista grčka reč za „gospodarenje" koju je Petar upotrebio u Prvoj Petrovoj 5,3. Ta reč se još pojavljuje u Marku 10,42 (u odlomku koji je podudaran Matejevim) i u Delima 19,16.

sam vam primer, da i vi činite onako kako sam ja uči-
nio vama. Istinu vam kažem: sluga nije veći od svoga
gospodara, ni poslanik od onoga koji ga je poslao. Po-
što to znate, blago vama ako tako budete i činili (Jo-
van 13,14-16).

Isus je te noći skinuo ogrtač i sopstvenim rukama oprao prljavštinu
s nogu svojih učenika. Sledećeg dana su mu drugi skinuli odeću, a njego-
ve ruke su prikovane za krst da se opere greh sa duša njegovih učenika.
Oni kojima je oprošteno i koji stoje u podnožju krsta poimaju vođstvo i
veličinu potpuno suprotno od sveta, na način koji sablažnjava svet.

USTROJSTVO ZA VOĐENJE SLUŽENJEM

Kako starešine mogu da održe stav poniznog perača nogu opasanog
ubrusom i ne postanu oholi despoti s krunom na glavi? Da li stareši-
ne stvarno mogu da vode bez gospodarenja i da sprovode vlast bez
vlastoljublja?

Nemoguće je potpuno ukloniti opasnost od oholog, zapovednič-
kog vođstva. Ponos neprestano vreba naša srca i svaki starešina je u
stvari odgovoran da svakodnevno raspinje svoje ja silom Duha, ali i cr-
kve mogu da doprinesu negovanju kulture poniznog upravljanja. Vođe
i ljudi iz crkve mogu da ustroje svoj zajednički život tako da vođenje
služenjem bude normalno, a zapovedničko vladanje neprikladno.

Razmislite o sledećih šest navika zajednice koje mogu da pomog-
nu starešinama i ljudima u crkvi da služe jedni drugima poput Isusa:

Izaberite ponizne starešine

Za crkvu je najjednostavnije i najdelotvornije da razvije postupak pro-

veravanja potencijalnih starešina i da pažljivo odabere ponizne ljude.
U Poglavlju 1 smo videli spisak merila za starešine, gde je propisano da starešina treba da bude „blag; ne svađalica" (Prva Timoteju 3,3) i „ne samoživ, ne naprasit" (Titu 1,7).

Slušao sam jednog pastira koji je rekao da je poniznost najvažnija osobina crkvenog vođe. Zatim je rekao i koja osobina se nalazi na drugom mestu: poniznost. A treća? Verovatno pretpostavljate.

Kad birate starešine, tražite ljude za koje se već zna da su radili u crkvi čvrstom, ali blagom rukom. Ljudi kojima je služenje u srcu verovatno će nastaviti da se ponašaju kao sluge i kad postanu starešine. Čak i ako postanu pomalo umišljeni, obično dobro reaguju kad ih zbog toga prekore. Nađite ljude koji na sastancima mogu jasno da kažu šta misle, ali isto tako mogu s radošću da se potčine volji tima kad njihovo mišljenje ne dobije najveći broj glasova. Ponizne starešine mogu da se potčinjavaju jedne drugima.

Ali ako je čovek samoživ i ohol, bandoglav i vlastoljubiv, nemojte pogrešiti i pružiti mu pastirsku palicu, bez obzira na njegove darove, iskustvo ili sredstva: „Ni na koga ne polaži ruke olako. Nemaj udela u tuđim gresima" (Prva Timoteju 5,22).

Dodelite deo posla đakonima

Starešine nisu jedini službenici u crkvi, jer su apostoli postavljali i đakone. Možda je ovo suviše pojednostavljen opis njihovog posla, ali možemo reći da đakoni neguju crkvu starajući se za logističke, upravne i fizičke potrebe crkve. Mnogi smatraju da su Sedmorica iz prve crkve bili prvi đakoni. Zadatak im je bio da nadgledaju podelu hrane udovicama crkve kako bi zajednica živela u skladu i kako bi apostoli bili slobodni da propovedaju i da se mole (Dela 6,1-7).

Razvijanje zdravog, opunomoćenog skupa đakona proširuje vlast i osećanje vlasništva u zajednici i stvara u ustrojstvu crkve štit protiv zastoja koje bi starešine mogle da stvore u važnim pitanjima. Starešine i dalje upravljaju dešavanjima u crkvi i svakako nose deo odgovornosti za sve što se u njoj događa, ali mogu da povere đakonima određene dužnosti i da im daju slobodu u njihovom obavljanju. Kad starešine predaju sposobnim đakonima gostoprimstvo crkve, rad s malom decom, staranje o prostorijama, knjigovodstvo, humanitarni rad i tehnologiju, time s poniznošću pokazuju da imaju poverenje u zajednicu. Đakoni, za uzvrat, delimično oslobađaju starešine tereta kao što su Sedmorica činila za apostole u Delima 6, pa starešine mogu da poučavaju, da se mole i da vrše pastirsku službu.

Ostanite nekom odgovorni

Da li vaša crkva ima postupak za prekorevanje starešine koji padne u greh? Pavle je rekao Timoteju da starešinama ukazuje dvostruku čast (Prva Timoteju 5,17-18), ali je odmah u sledećim stihovima zapovedio da se starešine koje greše ukore pred svima:

> Ne prihvataj tužbu protiv starešine ako je ne potkrepe dva ili tri svedoka. One koji greše, ukori pred svima, da i u ostale uđe strah (Prva Timoteju 5,19-20).

Starešine, ako vidite da drugi nadglednik živi u neposlušnosti Gospodu i neće da se pokaje, nemojte da zažmurite na to samo zato što je starešina, jer Pavle je odmah dalje rekao: „Zaklinjem te pred Bogom i Hristom Isusom i izabranim anđelima da se ovoga držiš bez predrasuda i da ništa ne činiš iz pristrasnosti" (st. 21).

Poštujte Reč

Starešina može da vodi bez gospodarenja tako što će držati Božiju reč i evanđelje u središtu crkvenog života. Starešina treba neprestano da se *potčinjava* Reči – kad poučava, kad slavi Boga i uopšte kad obavlja svoju službu. To i njega i zajednicu podseća da njegova vlast nije samostojna i da je jedino Biblija potpuno merodavna u crkvi i životu. Zajednice treba za starešine da izaberu ljude koji iznad svega cene Bibliju (a ne *sopstveno tumačenje* Biblije).

Na kraju krajeva, starešine imaju vlast nad Isusovom crkvom jedino u onoj meri u kojoj poučavaju iz Isusove reči, u kojoj joj se pokoravaju i u kojoj je ističu. Kao što je to u XIX veku rekao pastir Vilijam Džonson, starešine su izvršioci, a ne zakonodavci.[2] Posao im je da objavljuju biblijsko učenje i sprovode ga u životu crkve. Kad starešine uzdižu Bibliju, istovremeno se ponizuju i tako pokazuju da su ljudi koje istinski vernici žele da slede.

Umnožite se

Videli smo u Poglavlju 3 da starešine treba da održavaju učiteljsku službu crkve tako što će obučavati zamenike. Ko će biti u sledećem pokolenju učiteljâ i starešinâ? Vršenje ove obuke osim održavanja crkvenog vođstva doprinosi i da starešine ostanu ponizne. Veoma je teško grabiti vlast i istovremeno je prepuštati drugima.

---

2 Citirano u knjizi *Polity: Biblical Arguments on How to Conduct Church Life* (Uređenje: Biblijska rasprava o upravljanju životom crkve, prim. prev.), urednik Mark Dever, Vašington, izdavač *Nine Marks Ministries*, 2001, 195.

Verujte zajednici

Ovu tačku pišem s oklevanjem jer nisu svi čitaoci ove knjige kongregacionalisti kao ja. Osim toga, ovde mi nije cilj da zagovaram kongregacionalizam. Smem li ipak ponizno da primetim da postavljamo najbolju ustrojstvenu zaštitu protiv starešinske tiranije kad u određenim oblastima prepustimo vrhovnu vlast zajednici (što čine čak i prezbiterijanske crkve)? Kad starešine moraju da iznesu velike odluke pred crkvu kako bi dobile odobrenje, to ih primorava da puste vlast iz svojih ruku i da ponizno veruju Gospodu i članovima crkve. Bilo je trenutaka kad mi je bilo žao što ne mogu da rešim važno pitanje tako što ću izdati naredbu. Kongregacijski postupak je obično sporiji i ponekad ne vodi do ishoda koji želim, ali tokom godina sam naučio da cenim način na koji kongregacionalizam, kad se dobro sprovodi, izgrađuje jedinstvo i poverenje između starešina i članova crkve. Verovanje da vrhovna vlast u određenim odlukama pripada zajednici primorava starešine da vrednije rade na poučavanju ljudi i na komunikaciji s njima, a primorava ih i da se prepuste Bogu u molitvi.

I OVCE I PASTIRI

Isus je postavio starešine kao potpastire svojih stada. Starešine treba svesrdno da prigrle taj zadatak i da hrabro upravljaju svojim crkvama. Slabašni, pasivni nadglednici samo čine da se crkveni problemi pogoršavaju. Molim sve svoje sadrugove starešine: vodite svoje zajednice radi crkve, radi evanđelja i radi Božije slave!

Ali u svim ovim raspravama o pastirstvu ne zaboravite sledeću istinu: i sami ste i dalje ovce.

To je veliki paradoks sa kojim se suočava svaki starešina. On je istovremeno i ovca i pastir, i vođa Isusovih sledbenika i Isusov sledbenik, i nadglednik pomesnog crkvenog tela i ud koji zavisi od tela. Starešina je grešan čovek, spasen i čuvan milošću, koji sledi Dobrog pastira, Isusa Hrista. Isus mu se iznenada okrenuo, utisnuo mu pastirski štap u ruku i rekao: „Napasaj moju jagnjad" (Jovan 21,15).

Kako da razrešite tu unutrašnju napetost zbog toga što ste ovca koja je postala pastir? Nikako. Treba da je prihvatite. Odazovite se na poziv u pastirsku službu i istovremeno objavite da potpuno zavisite od Gospoda. Recite crkvi: „Hajdemo ovim putem", a istovremeno zavapite s njom: „Gospode, vodi nas." Uprite pogled u Isusa i njegovom milošću vodite bez gospodarenja.

Poglavlje 6

SLUŽITE S DRUGIM PASTIRIMA

Drago mi je što i dalje čitate ovu knjigu. Iskreno rečeno, plašio sam se da ćete do sad odustati. Ne kažem da je do sad bila dugačka ili teška za čitanje, nego sam pomislio da ste se možda obeshrabrili kad ste videli šta sve Biblija zahteva od starešina, pa ste zbog toga ostavili knjigu. Prvo poglavlje, koje govori o merilima za starešinu, već je bilo dovoljno teško. Apostoli su visoko postavili letvicu za starešine: hristolik karakter, dobro upravljanje domom i sposobnost da poučavaju i da brane biblijsku istinu. Tu je i zahtev da starešina bude „bez zamerke". Svako ko je svestan svojih nedostataka i slabosti u najmanju bi ruku rekao da mu je opis traženog profila otvorio oči. Dok sam pisao to poglavlje, stalno mi se nametalo pitanje: „Da li *stvarno* ispunjavam merila za starešinu, a kamoli za pisanje poglavlja o tim merilima?"

Ako ste se provukli kroz tu prvu proveru, teške obaveze iz poglavljâ 2 do 5 ipak su mogle da vas dokrajče. Starešine treba pastirski da se staraju o stadu, da poučavaju doktrini, da opovrgavaju greške, da odgajaju članove do zrelosti, da traže zalutale, da upravljaju i vode i da smiruju sukobe – i to su samo neke od njihovih dužnosti.

A pred nama su još tri poglavlja.

Taj opis posla mi se povremeno čini preobimnim, a ja sam plaćeni pastir koji mu posvećuje čitavu svoju radnu sedmicu. A šta da pomislite vi, koji ste možda dobrovoljni starešina sa zahtevnim poslom, s napornim putem do posla i nazad, s aktivnom porodicom, s kućom koju treba održavati i možda s jednim ili dva hobija? Kako da se valjano odazovete na plemeniti poziv da nadgledate zajednicu tokom ograničenog vremena koje za to možete da odvojite? Sve to zvuči kao formula za neuspeh. Da li je dobrovoljna pastirska služba stvarno moguća? Verujem da jeste. Rešenje se delimično sastoji od toga da prihvatite svoj poziv da budete pastir i da mu požrtvovano date prvenstvo. Aleksander Strauh nam o tome govori veoma otvoreno:

> Mnogi ljudi odgajaju decu i rade, a istovremeno odvajaju priličan broj sati za društveni rad, klubove, sportske aktivnosti i verske ustanove. Razne sekte su izgradile velike pokrete koji opstaju prvenstveno zbog vremena koje njihovi članovi ulažu u dobrovoljni rad. Mi, hrišćani koji verujemo u Bibliju, postajemo lenji i mekani, i smatramo da sve treba da obavljaju plaćeni radnici. Zaista je sjajno videti koliko ljudi mogu da postignu kad su pobuđeni time što rade nešto što vole. Video sam neke ljude kako u slobodno vreme grade i prerađuju čitave kuće.[1]

Ljudi koji žele da budu starešine treba da izračunaju cenu služenja i da se zatim svom snagom trude oko svoje crkve uzdajući se u Božiju blagodat.

---

1 Aleksander Strauh, *Biblical Eldership: An Urgent Call to Restore Biblical Church Leadership* (Biblijsko starešinstvo: Hitan poziv da se obnovi biblijsko crkveno vođstvo, prim. prev.), Litlton, Kolorado, izdavač: *Lewis and Roth Publishers*, 1995, 28.

Ali postoji još jedan činilac koji omogućuje dobrovoljnu pastirsku službu. To je jedan od elemenata biblijskog starešinstva koji mi je omogućio da godinama služim kao pastir nesmanjenom snagom. Kad je Bog osmislio pomesnu crkvu, mudro je ustanovio *višečlano* starešinstvo. Pastirska služba je moguća jer je predviđena kao timski sport.

ZAJEDNIČKO VRŠENJE PASTIRSKE SLUŽBE

Novi zavet govori o crkvenim starešinama u množini. Pročitajte sledeće stihove. Zapazite da svaku crkvu vodi više starešina:

Kada su stigli u Jerusalim, primiše ih crkva, apostoli i starešine, a oni izvestiše šta je Bog učinio preko njih (Dela 15,4; vidite i st. 6, 22 i 16,4).

Po crkvama im postaviše starešine i, uz molitvu i post, poveriše ih Gospodu, u koga su verovali (Dela 14,23).

Iz Milita posla u Efes po starešine crkve (Dela 20,17).

Pavle i Timotej, sluge Hrista Isusa, svim svetima u Hristu Isusu u Filipima, zajedno s nadglednicima i đakonima (Filipljanima 1,1).

Ostavio sam te na Kritu radi toga da središ ono što je ostalo nedovršeno i da po gradovima postaviš starešine, kao što sam ti naredio (Titu 1,5).

Molim starešine među vama, ja, koji sam i sâm starešina, svedok Hristovih stradanja i onaj koji će imati udela u slavi koja će se otkriti (Prva Petrova 5,1).

Ako je neko od vas bolestan, neka pozove k sebi starešine crkve, a oni neka se pomole nad njim i pomažu ga uljem u ime Gospoda (Jakov 5,14).

Da li uočavate obrazac? U svakoj crkvi (jednina) nailazimo na starešine (množina).[2] Svaka zajednica je imala svoj pastirski odred. Ovo zapažanje je jednostavno, ali čini veliku razliku kad se praktično primeni. Višečlano starešinstvo je izvanredno značajno za održivost pastirske službe.

RASPODELITE TERET

Hajde da počnemo od očiglednog: kad postoji veći broj starešina, teret pastirskog rada se raspodeljuje. „Mnoštvo ruku olakšava teret." „Timski rad razdeljuje posao i mnogostruko umnožava uspeh." Te i druge poslovice dokazano su istinite u starešinskoj službi.

Jedna žena koja je član naše crkve pitala me je jednom prilikom za šta da se moli za mene. Ispričao sam joj kako mi se teret službe povećava. Broj crkvenih članova nam je tada rastao i potrebe za pastirskim služenjem su se uvećavale. Postavio sam joj donekle retoričko pitanje: „Kako delotvorno služiti stadu koje raste?", ali ona ga nije shvatila retorički. Nikad neću zaboraviti njen odgovor. Nasmešila se, slegla ramenima i jednostavno rekla: „S više pastira."

Naravno – s više pastira! Nisam mogao da verujem da se toga ranije nisam setio.

Ali dobro, ako Mojsije nije video nešto što je očigledno, valjda to može i meni da se desi. Njegov tast Jitro morao je da ga povuče na

---

2   Isto, 37.

stranu i da mu skrene pažnju na to da su mu potrebni pomoćnici.

> Sutradan Mojsije sede da narodu deli pravdu, a narod je stajao oko njega od jutra do večeri [...] Tada tast reče Mojsiju:»Nije dobro to što radiš. Samo ćete se iznuriti, i ti i ovaj narod s tobom. Ovaj posao je suviše težak za tebe i ne možeš ga obavljati sam« (Izlazak 18,13, 17-18).

Šta je Jitro predložio kao rešenje? Savetovao mu je da uzme saradnike:

>»Iz celog naroda odaberi sposobne ljude, ljude koji se boje Boga, koji su pouzdani i mrze nepošten dobitak, i postavi ih za zapovednike nad hiljadama, stotinama, pedesetinama i desetinama. Oni neka u svako doba sude narodu. Sve teže slučajeve neka iznose tebi, a lakše neka rešavaju sami. Olakšaj sebi – neka i oni nose teret s tobom« (Izlazak 18,21-22).

Baš kao što je postavljanje sudija olakšalo posao Mojsiju, tako i postavljanje većeg broja starešina raspoređuje teret naše službe. Dakle, ako ste starešina, nađite načina da podelite rad sa svojim kolegama. Razgovarajte o najhitnijim pitanjima u crkvi i uskladite svoje napore. Ako imate previše posla, ne pokušavajte sve da postignete na mišiće, nego ispalite signalnu raketu i pozovite braću u pomoć.

Kako možete bolje da rasporedite odgovornosti u nadgledničkom timu? Spomenuo sam kako su naše starešine među sobom podelile crkvene članove, ali vi ne morate da učinite isto. Suština je u tome da svesno raspodelite rad.

STAREŠINE SU ŠVAJCARSKI NOŽEVI

Podela rada nije jedina dobrobit višečlanog starešinstva, nego ono istovremeno omogućuje crkvi da uživa korist od raznovrsnih darova starešina i to tako da svaki može da radi ono u čemu je najbolji. Sve starešine imaju iste odgovornosti, ali svaki od njih doprinosi timu svojim raznovrsnim talentima i iskustvom.

Sećam se kako sam kao dete dobio svoj prvi švajcarski nož. Ne sećam se tačno koliko godina sam imao, ali i dalje mogu da zamislim njegove sjajne, crvene stranice. Među njima su bila smeštena poznata oruđa švajcarske vojske. Sećam se koliko sam bio uzbuđen dok sam otvarao jedno po jedno i zamišljao kako bih ga koristio da preživim u divljini. Tu su bili duži nož, kraći nož, pinceta, odvijač, makazice i, naravno, najvažnije oruđe za preživljavanje u prirodi – vadičep.

Slično se osećam svake godine kad novim ljudima poželim dobrodošlicu u naš starešinski odbor. Svaki brat unosi u tim jedinstvene darove koji samo čekaju da se otkriju i upotrebe. To je kao da otvarate ljudski švajcarski nož, jedan po jedan starešinski dar. Naravno, sve starešine treba da imaju neke zajedničke darove koji su temelj starešinske službe, na primer darove za vođenje i poučavanje, ali čak i ti darovi mogu biti različitih snaga i oblika.

U našem sadašnjem starešinskom timu je Mark, pomoćni profesor na pomesnom teološkom fakultetu. On koristi svoje izražene govorničke darove i napredno poznavanje Novog zaveta za vršenje moćne službe poučavanja zajednice. Kent je mnogo puta upotrebio iskustvo iz svoje karijere u oblasti finansija da nas povede kad naiđemo na probleme s budžetom. Džon strastveno voli molitvu i tokom godina je mnogo puta pozvao na kolena naš tim koji je možda i suviše praktičan. Herb ima redak dar zdravog razmišljanja i obično tokom razgovora postavlja važna pitanja koja nas dovode do suštine problema.

Odvojte vreme da upoznate svoje sadrugove starešine. Ustanovite koji darovi su sklopljeni u svakom od njih i otkrijte kako da ih otvorite.

Kad budete zajedno radili, možda će vam smetati različiti načini na koje drugi nadglednici rešavaju probleme ili postavljaju prioritete, ali ne dozvolite da vas takve razlike živciraju. Bolje je da smatrate druge starešine sastavnim delom božanski osmišljenog skupa oruđa za služenje vašoj zajednici. Sve to doprinosi genijalnosti višečlanog starešinstva.

PASTIRSKO STARANJE O PASTIRIMA

U prethodnom poglavlju smo se podsetili da su starešine istovremeno i pripadnici Isusovog stada. To je paradoks crkvenog vođstva i on nameće zanimljivo pitanje: Ako su pastiri istovremeno i ovce, ko treba pastirski da se stara za pastire? Starešinama je potrebna pastirska nega kao i svakom drugom, jer i oni mogu da popuste u iskušenju, da potonu u depresiju, da se posvađaju, da se iscrpe crkvenom službom ili da izgube bližnje. Osim toga, treba neprestano da sazrevaju čak i kad nisu u krizi, baš kao i svaki drugi član crkve. Ali ko treba duhovno da ih nadgleda?

Odgovor ponovo nalazimo u višečlanom starešinstvu. Pastiri treba pastirski da se staraju o pastirima. Nadgledanje zajednice je moguće jer starešine, kad ih je više, služe jedni drugima kao pastiri.

Pre nekoliko godina jedan brat se prvi put priključio našem starešinskom timu. Rekao sam njegovoj ženi, napola u šali: „Da li si spremna za teškoće?"

„Kakve teškoće?", upitala je.

„Teškoće koje će snaći i tebe i tvog muža kad postane starešina. Pripremi se za proveru."

Očigledno sam u šali pogodio i više nego što sam mislio. On je ostao bez posla dok je služio kao starešina i bio je nezaposlen više od godinu dana. Tokom tog „neželjenog odmora" druge starešine su se redovno molile za njega i ohrabrivale ga. Zbog Božije blagodati i njihove podrške izašao je iz tog razdoblja jači i istančaniji. Ako ste starešina, rizikujte i budite otvoreni prema drugima. Ne bojte se da otkrijete svoje povrede i strahove, svoje borbe i grehe. Druge starešine ne mogu pastirski da vam služe ako se pretvarate da ste Supermen. Zamolite ih da se konkretno mole za vaše potrebe. Kao što sam već spomenuo, naše starešine se okupljaju dva puta mesečno, a jedan od tih sastanaka je posvećen molitvi. Na tom molitvenom sastanku uvek razgovaramo za šta da se molimo jedni za druge. To je običaj koji nam omogućuje da ostanemo svesni da je svako od nas ovca.

Pre mnogo godina se jedan starešina otvorio na jednom od tih molitvenih sastanaka dok smo razgovarali šta da molimo jedni za druge. Iskreno je govorio o svojoj poslovnoj i novčanoj krizi i o borbi s očajem u koju je zbog toga zapao. To je bio težak trenutak, ali je otvorio vrata. Nekoliko drugih starešina kročilo je kroz ta vrata i podelilo s nama potrebe iz svojih brakova. Molitva nam te večeri nije bila nimalo rutinska. Zastupali smo jedan drugoga u molitvi s novim žarom i saosećanjem.

Ako želite delotvorno pastirski da se starate za zajednicu, treba i sami da budete pod duhovnim nadgledništvom. Zato se ponizite i dozvolite drugim starešinama da se staraju za vas.

OŠTRENJE GVOŽĐA

Razmotrili smo kako višečlano starešinstvo čini da pastirski rad bude održiv, pogotovo za dobrovoljne starešine. Timski pristup unapređuje pastirsku službu jer štiti starešine od iscrpljenosti tako što raspodeljuje teret službe, okuplja darove i talente koji se međusobno dopunjuju i pruža podršku starešinama kad prolaze kroz teškoće.

Ali postoji još jedan skup opasnosti za pastire: ponos, vlastoljublje, grubost, nepristupačnost, pa čak i nasilnost. Kao što smo videli u prethodnom poglavlju, starešine treba da vode bez gospodarenja. Veći broj starešina doprinosi zaštiti od sklonosti ka gospodarenju, jer stvara okruženje u kom starešine mogu da primenjuju poznatu poslovicu: „Gvožđe se oštri gvožđem, a čovek čovekom" (Poslovice 27,17). Kad je starešinstvo višečlano i zdravo, teže dođe do toga da stalno preovladavaju stavovi ili sklonosti jednog čoveka, jer se starešine međusobno uravnotežavaju. Blaže starešine umiruju one vatrenije, preduzetne podstiču one koji suviše analiziraju da na kraju zapravo odluče, starešine velike vere čine da nijedna odluka ne bude samo rasprava o novcu ili sagledavanju rizika, a praktične starešine pomažu sanjarima i vizionarima da ne prave gluposti pod izgovorom da se „uzdaju u Boga". Takvo međusobno uravnotežavanje stvara okruženje u kom egoisti teško opstaju.

Višečlano starešinstvo pruža još nešto: ustrojstvo u okviru kog starešine mogu jedan drugog da prekore kad neko od njih zastrani.

Naši starešinski sastanci ponekad postanu napeti. (Znam da se to u *većini* crkava ne događa, pa ćete možda morati da upotrebite maštu.) Naša zajednica je blagoslovena što ima jake vođe koje imaju čvrste stavove, a mnogi od njih služe kao starešine. Kad na starešinskom sastanku iskrsne neko teško pitanje, temperatura u prostoriji raste.

Ali mnogo puta me dotaklo kad posle sastanka vidim kako jedan starešina povuče drugog u stranu, pa se jedan izvini drugom što je prejako izneo svoj stav. Možda će se kasnije u toku sedmice naći na kafi i porazgovarati o međusobnim razlikama. Događalo se da jedan brat prekori drugog zbog određenog ponašanja i podstakne ga da se iskupi i da promeni svoj pristup. Doživeo sam kako se mlađe starešine blago odupiru veteranima kad ovi dominiraju razgovorima i ućutkuju mlađe. Događalo se i da nadglednik – na blagi podsticaj drugog nadglednika – ustane na sastanku crkve i izvini se zajednici zbog tona kojim je govorio na prethodnom sastanku.

Jedan starešina je uvek govorio bez ustručavanja. S jedne strane je sjajno što ga imamo među starešinama jer nam zahvaljujući svojoj sposobnosti da strastveno izloži suprotstavljene stavove pomaže da ne zapadnemo u rešavanje pitanja glasanjem. To sve više cenim kod njega, posebno zbog toga što obično izbegavam sukobe. S druge strane, govor bez ustručavanja može da uzrokuje trvenje. Znao je da me pozove nakon sastanka da pita da li je prešao granicu i da li treba nekome da se izvini. Ako bih rekao: „Da, možda si bio malo grub", on bi odmah preduzeo korake da ispravi stvari. Tokom godina sam primetio da je postao blaži, taktičniji i osetljiviji, a nije izgubio dar neuvijenog govora.

UŽIVAJTE U VOŽNJI

Dozvolite da izložim još jednu dobrobit višečlanog starešinstva. Mnogo je veće zadovoljstvo – pa čak je i zabavno – pastirski služiti u timu nego biti pastir koji je usamljeni vuk. Kad se osvrnem na više od petnaest godina pastirske službe, mogu da kažem da mi je jedna od najvećih radosti u službi bilo služenje s dobrovoljnim starešinama iz moje zajednice. Oni su stvarno bili kao braća iz čete – i meni i jedni drugima. Delili smo i smeh i suze. Slavili smo zajedničke pobede i molili se kako bismo se ispetljali iz naizgled nerešivih zavrzlama. Stajali su uz mene, ponekad doslovno, tokom nekih od najtežih trenutaka moje službe. Mnogo puta sam ih vodio kako treba, a u drugim prilikama su oni mene dizali i nosili me dok se nisam oporavio dovoljno da ponovo vodim.

Ako ste u crkvi koja ima jednog plaćenog pastira i nema druge starešine, usrdno vas molim da iskoristite sav svoj uticaj da pokrenete

crkvu da uvede dobrovoljne starešine. Ne samo što služba samo jed-
nog pastira nije u skladu s Biblijom, nego takvo ustrojstvo lišava vašeg
pastira ključne podrške i dubokog zadovoljstva. Ono lišava i druge
članove crkve bogatijeg pastirskog staranja, ali i radosti koju bi doži-
veli kad bi videli kako muškarci iz njihovih redova rastu kao vođe. U
vašoj zajednici ima muškaraca koji propuštaju prilike za rast koje na-
staju samo ako iskorače u veri kako bi nadgledali crkvenu zajednicu.
Potrebne su vam starešine (množina). To je Isusov naum za odr-
živo, delotvorno pastirsko staranje u njegovim crkvama.

Poglavlje 7

BUDITE
UZOR ZRELOSTI

Bilo je jutro 1. januara 1996. Sedeo sam u svojoj kancelariji kao novi privremeni pomoćni pastir crkve *South Shore Baptist Church*. Ništa ne uliva osećaj značaja i sigurnosti zaposlenja poput zvanja „privremeni pomoćni pastir".

Tog jutra sam ipak bio srećan što sam završio školovanje i dobio pravi posao u crkvenoj službi. Nekoliko sedmica ranije položio sam poslednje predmete na teološkom fakultetu i time završio dve i po godine punovremenih postdiplomskih studija, a neposredno pre toga sam izgurao četiri godine diplomskih biblijskih studija. Jasno je da sam posle više od šest godina neprekinutog školovanja imao sve što je potrebno da budem pastir: dve teološke diplome, sve veću zbirku komentara i nekoliko propovedi koje sam pripremio dok sam pohađao časove propovedanja. Šta mi je nedostajalo?

Jedna „sitnica": Bio mi je potreban neko ko će mi pokazati kako se pastirski stara o zajednici.

Zato mi je Bog dao Reja.

Crkva je zaposlila Reja kao privremenog pastira nekoliko sedmica pre nego što je pozvala mene. Rej je mudar služitelj iz Nove Engleske koji mi je tokom sledećih godinu i po dana pokazao kako se pastirski starati za crkvu. Posmatrao sam kako kormilari po jakim strujama našeg starešinskog odbora. Tiho sam prisustvovao dok je on pastirski savetovao ljude i pratio sam ga u bolničke posete. Dao mi je obrasce za venčanja i sahrane koje koristim i danas. Imao sam priliku da vidim dobro pastirsko staranje na delu. Ponekad kažem u šali: „Ako u svojoj pastirskoj službi nešto radim kako treba, to je verovatno zbog toga što oponašam Reja, a ako negde grešim, to je verovatno zbog toga što radim po svom."

Ali Rej me je naučio nečem još važnijem od veština za službu: bio je uzor pastirskog karaktera i srca. Pokazao je strpljivost uvodeći promene dovoljno sporo da ih prihvati jedna jenkijevska crkva. Iz njega su zračili dobrota, poniznost i radost čak i kad nije bilo po njegovom. Uzdao se u Boga i u molitvi rešavao problem za problemom. Iznad svega, Rej je voleo ljude i oni su to znali. On nije samo meni pokazao kako da budem pastir, nego je pokazao celoj crkvi kako da sledi Isusa.

UGLEDAJTE SE NA MENE

Iskustvo s Rejom me podseća na ono što je Pavle rekao crkvi u Korintu: „Ugledajte se na mene kao što se i ja ugledam na Hrista" (Prva Korinćanima 11,1). Da li vam to zvuči čudno? Da li ste ikad rekli drugom hrišćaninu da se ugleda na vas kao što se vi ugledate na Hrista? Zvuči kao prepotentna, crkvena verzija pantomime. Zamislite kako govorite svojoj grupi za proučavanje Biblije ili članovima nekog crkvenog odbora: „Želim svima da kažem da veoma dobro sledim Isusa i stoga bi verovatno trebalo da se ugledate na mene." Možda je samo Pavle mogao da izrekne taj stih. On je ipak bio apostol, pa su mogle da mu prođu velike izjave poput spomenute „ugledajte se na mene".

Ali Pavle je otišao još dalje. Nije rekao samo „ugledajte se na mene", nego je podstakao crkvu u Filipima da obrati pažnju na ljude koji se ugledaju na njega: „Pridružite se onima koji se ugledaju na mene, braćo, i posmatrajte one koji žive po primeru koji smo vam dali" (Filipljanima 3,17). Da li ste primetili poslednju reč u tom stihu? Rekao je „smo vam dali", a ne „sam vam dao". To se odnosi na Pavla i Timoteja (1,1). Dakle, krug uzornih je bio širi od Pavla i obuhvatao je i Timoteja i hrišćane u Filipima, koji su oponašali Pavlov i Timotejev način života.

Pavle je izričito rekao svom mladom učeniku Timoteju da bude uzor na koji se treba ugledati: „Neka te niko ne omalovažava zbog tvoje mladosti, nego budi primer vernicima u govoru, u ponašanju, u ljubavi, u veri, u čistoti" (Prva Timoteju 4,12).

Šta ako poziv na uzornost nije rezervisan samo za svete apostole? Šta ako su uzornost i oponašanje susedni otkucaji koji tvore osnovni ritam hrišćanskog učeništva? Šta ako nam je za rast u zrelosti zapravo potrebno više Rejeva i Timoteja koji će biti uzori u našim crkvama?

To ima smisla ako uzmemo u obzir da je nas Bog stvorio da oponašamo. Od malih nogu učimo da govorimo, da se ponašamo i da reagujemo oponašajući ljude oko nas. Svaki otac doživi te strahotne trenutke kad čuje sopstvene reči iz usta svog deteta. Majke brinu s kim će se družiti njihovi tinejdžeri, jer znaju kolika je sila ugledanja na vršnjake. Čak i odrasli preuzimaju jedni od drugih naglasak, način izražavanja, izraze lica, humor, stil, navike i hobije. Zato se parovi koji provedu pedeset godina u srećnom braku polako stope u jednu osobu.

Ova dinamika uzora i ugledanja, primera i oponašanja prisutna je i u hrišćanskom učeništvu, ali hrišćanski život *ne počinje* oponašanjem, nego čudom. Učeništvo počinje kad grešnik čuje evanđelje i Sveti Duh kroz tu poruku natprirodno promeni njegovo unutrašnje biće. Grešnik se zbog toga pokaje od svog greha i poveruje da je Isus umro i vaskrsao da ga spase. Ponovo je rođen Božijom silom i njegov prvi uzvik glasi: „Isus je Gospod!" Čovek mora ponovo da se rodi da bi ušao u Božije carstvo. Niko ne može oponašanjem da pređe iz nevere u veru. Ali sada naša s neba rođena, duhovna beba treba da odraste do hristolike zrelosti. Kako se to odvija? U to su uključeni brojni činioci, poput hrane iz Božije reči, ali potrebno je još nešto. Našem novorođenom Božijem detetu potrebna je porodica u kojoj može da uči na osnovu primera, gledajući druge kako hodaju s Isusom. Potrebna mu je pomesna crkva.

Zdrava pomesna crkva tvori bogatu matricu odnosâ u kojoj se odvija međusobno pružanje uzora i ugledanje. Kada postane član evanđeoske zajednice, naš novi hrišćanin može da poredi beleške s drugim novorođenim vernicima koji se prilagođavaju čudnom, divnom životu Isusovog sledbenika kome je sve oprošteno. Može da uči od braće i sestara koji duže slede Isusa, koji su silom Duha ostvarili pobede protiv greha i preživeli ozbiljne životne oluje uzdajući se u Božiju blagodat. Možda će pronaći čak i nekoliko pobožnih majki i očeva, nekoga poput apostola Pavla i poput privremenog pastira Reja, ljude koji će ga nadahnuti da moli: „Gospode, pomozi mi da budem takav." Nisu nam potrebne samo dobre pouke i propovedi o hrišćanskom životu poslušnosti, nego nam je potrebno da vidimo svetost na delu. Rastemo oponašajući, baš kao što su apostoli oponašali Isusa, Timotej Pavla i Džerami Reja.

PASTIRSKO STARANJE KARAKTEROM

Ali kakve veze sve to ima sa starešinama? Ova knjiga bi trebalo da bude opis nadgledničkog posla. Kako se nadglednici uklapaju u ovu raspravu o uzornosti i ugledanju?

Veoma jednostavno: Bog je pozvao starešine da budu ljudi koje vredi oponašati.

U zdravoj pomesnoj crkvi obično ima mnogo ljudi – i muškaraca i žena – na čiji primer bi se moglo ugledati, ali kad postavi nekog muškarca za nadglednika, crkva javno kaže: „Ovo je zvaničan, od crkve prepoznat primer zrelog Isusovog sledbenika." Starešina nije ni jedini, ni savršen primer, a možda nije čak ni najbolji primer svake hrišćanske vrline u zajednici, ali je ipak s pravom istaknut kao uzor. Priznajući nekoga za starešinu, crkva zapravo govori: „Ugledajte se na njega kao što se on ugleda na Hrista." Trebalo bi da crkva može da uputi novorođenog vernika na starešinu i da kaže: „Želiš li da saznaš kakav treba da bude pravi hrišćanin? Pogledaj njega."

Drugim rečima, posao starešine se sastoji iz vršenja pastirske službe i *karakterom* i *delima*. Starešine se pastirski staraju za crkvu i onim što rade i onim što jesu, jer se dela bez karaktera raspadaju.

Hajde da se osvrnemo na stavke opisa starešinskog posla koji smo izložili u prethodnim poglavljima. Zapazite da svaka tačka sa tog spiska može da se postigne samo ako starešina ima karakter na koji je pozvan. Ukratko, hristolik karakter je nezaobilazan sastavni deo pastirske službe.

U Poglavlju 2 smo sažeto opisali starešinski posao i rekli da je u pitanju pastirsko staranje za crkvene članove s ciljem uvećavanja njihove hristolike zrelosti. Starešine su pastiri koji ulažu u živote članova crkve i pomažu im da zajedno odrastaju postajući sve sličniji Isusu.

Ali ako je i sam starešina nezreo, kako će pastirski odgajati druge do zrele pobožnosti? Baš kao što ne biste unajmili finansijskog savetnika koji je izgubio svoje bogatstvo jer ga je loše uložio ili što se ne biste odlučili da radite telovežbe s trenerom koji nema dobru liniju, tako će i mali broj ljudi slediti bezbožnog, sebičnog starešinu koji kaže:

„Ugledajte se na mene." Druge možete dovesti u Hristu jedino do tačke do koje ste i sami stigli. U Poglavlju 3 je obrazložen učiteljski zadatak starešine. Starešina treba da izlaže biblijsku istinu i da opovrgava krivoverje. Ali šta ako učiteljev život veoma očigledno protivreči njegovom učenju? Prestaće da ga slušaju svi sem najlakomislenijih fanatika. Ljudi nemaju mnogo strpljenja za učitelje koji govore: „Radite kao što govorim, a ne kao što radim." Što je još gore, licemerni učitelji Božijeg naroda moraće da se suoče sa Bogom. Nije ni čudo što je Jakov uputio sledeće upozorenje: „Nemojte, braćo moja, da mnogi od vas budu učitelji, jer znamo da će se nama učiteljima strože suditi" (Jakov 3,1).

Ali kad pastir udruži ispravno učenje s ispravnim životom, nikad mu neće nedostajati predano stado. Kad god razmišljam o učiteljskoj službi našeg privremenog pastira Reja, posebno se setim jedne propovedi. Jedne godine tokom uskršnje sedmice govorio je iz Jovana 13 o tome kako je Isus oprao noge svojim učenicima. Sećam se te propovedi iz dva razloga. Prvo, sama propoved je bila odlična. Rej je jasno i dirljivo govorio kako je Isus došao da služi, ne samo time što je učenicima oprao noge, nego i time što je otišao na krst da nas opere od greha. Rej je pozvao zajednicu na slično, ponizno međusobno služenje u svetlu evanđelja.

Drugo, i možda još važnije, sećam se te propovedi jer sam slušajući reči o služenju zapravo video poniznost, služenje i požrtvovanost u čoveku koji ih je izgovarao. Rejev dosledan hrišćanski život me ubedio da slušam njegovu poruku.

U Poglavlju 4 smo razmotrili zahtevnu odgovornost starešine da traži zalutale članove. To je osetljiv zadatak jer su članovi koji odlutaju od crkve često krhki i povređeni i zbog toga im je često teško da veruju ljudima, pa kad pastir s upitnim karakterom traži izgubljenu ovcu,

ova obično beži. Kako da ovca ozbiljno shvati pastirov trud da „pazi"
na nju kad ovaj ne može da pazi ni na samog sebe? Možemo da odemo i korak dalje. Ako se za licemerje nekog pastira sazna i van njegove crkve, onda drugi ljudi neće hteti da dođu čak ni u nedeljnu posetu toj crkvi. „Osim toga, treba da bude na dobrom glasu i među ljudima van crkve, da ne padne u nemilost i đavolju zamku" (Prva Timoteju 3,7).

U Poglavlju 5 smo se borili s pitanjem napetosti između odlučnog i blagog vođenja. I tu je ključ u pobožnom karakteru. Petar je rekao: „Napasajte Božije stado koje vam je povereno [...] ne kao gospodari nad onima koji su vam povereni, nego kao uzori stadu" (Prva Petrova 5,2-3). Uzornost je protivotrov za gospodarenje. Ako starešine budu živele i volele kao Isus, za njih se neće govoriti da su ohole i vlastoljubive, nego će biti ponizni poput Isusa i zbog toga će imati moralnu vlast kojoj će se crkva voljno potčinjavati. Starešine treba da vode primerom ako uopšte misle da vode.

I poslednje, u Poglavlju 6 smo raspravljali o višečlanom starešinstvu. Nadglednici ne treba da budu uzori samo kao pojedinci, nego i kao tim. Svoju starešinsku grupu smatrajte crkvom u malom. Način na koji se starešine međusobno ophode, na koji rešavaju probleme, teže jedinstvu i suočavaju se s izazovima trebalo bi da bude živi dramski prikaz života na koji cela crkva treba da se ugleda. Trebalo bi da starešinski tim može da kaže: „Ugledajte se na nas kao što se mi zajedno ugledamo na Hrista."

Jednom prilikom sam u našoj crkvi držao predavanja o biblijskom starešinstvu. U sklopu programa smo izašli na „teren" – prisustvovali smo starešinskom sastanku – i polaznici predavanja su nakon toga razgovarali o tom iskustvu. Pričali su o ljubavi, poniznosti i ljubaznosti koju su videli u međusobnoj komunikaciji starešina i o iskrenoj brizi koju su starešine pokazale moleći se za crkvene članove. Neki polaznici su od starešinskog sastanka očekivali nešto drugačije – moćnije, strahovitije i sličnije korporaciji. Umesto toga su u komunikaciji među starešinama zatekli sličnost Isusu. To je bilo dobro veče za naše nadglednike. Da li uviđate da krvotok pobožnosti treba da teče kroz svaki posao starešine? Ali ako starešina naruši svoju čestitost svojom neposlušnošću Gospodu, njegova služba će umreti. Njegov život sa Isusom je nit na koju su nanizani svi biseri opisa njegovog posla. Presecite tu nit i biseri će pasti na zemlju i razleteće se na sve strane. Starešina može da bude darovit, iskusan i harizmatičan, ali ako ne odražava Isusa kako treba, njegova nezrelost će mu pre ili kasnije pokositi darove. Nadglednikov *karakter* daje verodostojnost i silu njegovim *delima*. Zbog toga Biblija ima tako opširne spiskove s merilima za starešine – kao što smo videli u Poglavlju 1 – i zbog toga se ta merila pre svega tiču uzornog karaktera. Starešina treba da bude „bez zamerke" (Prva Timoteju 3,2); od toga mu zavisi celokupna služba.

PAZITE KAKO ŽIVITE

Pošto su starešine i njihovi karakteri ključni uzori crkvi, ne možemo završiti ovo poglavlje a da opisu starešinskog posla ne dodamo još jednu presudnu dužnost: svaki starešina treba neprestano da teži za svetošću, ljubavlju i duhovnom zrelošću. Starešine treba stalno da budu sve sličnije Isusu da bi mogle da vode kao on.

Pavle je ovako rekao Timoteju: „Pazi na sebe i na učenje. Istraj u tome, jer ćeš, to čineći, spasti i sebe i one koji te slušaju" (Prva Timoteju 4,16). To je izvanredna izjava i strahovita odgovornost. Pavle je rekao da pastir igra određenu, Bogom danu ulogu u spasenju svoje duše i duša drugih ljudi tako što pazi na svoj život i učenje.

Deo o učenju nas verovatno manje iznenađuje, jer ljudi, da bi se spasli, moraju da čuju biblijsku poruku evanđelja. Ako crkveni vođa pazi da u njegovom učenju nema greške, onda to učenje može da bude provodnik Božije spasonosne milosti.

Ali šta je s pastirovim životom? Pastir igra određenu ulogu u svom spasenju i u spasenju ljudi iz svoje zajednice tako što pazi na svoj život i što je „primer vernicima u govoru, u ponašanju, u ljubavi, u veri, u čistoti" (st. 12). Božiji Duh nekako koristi dobro negovan život nadglednika da postigne spasenje drugih ljudi u crkvi. To znači da uzornost i ugledanje nisu neobavezni, nego su ključni za zajednički duhovni napredak u pomesnoj crkvi.

Stoga, brate starešino, pazi na svoj život iznad svega drugog. Ako želiš da kažeš s Pavlom: „Ugledajte se na mene kao što se i ja ugledam na Hrista" (Prva Korinćanima 11,1), onda prvo treba da mu se pridružiš u sledećoj izjavi: „[...] krotim svoje telo i potčinjavam ga, da ne bih ja, koji sam drugima propovedao, bio isključen iz trke" (Prva Korinćanima 9,27).

Treba da poznajete svoju dušu i svoje sklonosti koje mogu da vas isključe iz službe. Budite svesni slabih tačaka svog srca, gde iskušenja obično usmeravaju svoje napade. Istrajno se borite protiv greha i ubijte ga silom Duha čim ga primetite (Rimljanima 8,13). Živite u Duhu (Galaćanima 5,16) da bi se dela tela osušila, a plod Duha sazreo (st. 19-23). Neka Božija reč obnovi vaš um da možete neprestano da oblačite na sebe novog čoveka (Efescima 4,22-24) i svakodnevno prinosite svoje telo kao živu žrtvu (Rimljanima 12,1-2).

NAPREDAK U EVANĐELJU

Nemojte misliti da ste stigli na cilj time što ste postali starešina. Istina je upravo suprotna: to što ste postali nadglednik crkve trebalo bi u vama da pokrene novi osećaj hitne potrebe da odete korak dalje u ličnom ugledanju na Isusa.

Vaša zajednica ne treba da vidi samo da je starešina pobožan, nego treba da ga vidi i kako raste. Pavle je rekao Timoteju da ne treba da obrati pažnju samo na svoj život, nego da i njegov napredak treba da bude javno očigledan: „Marljivo se trudi oko toga, sav budi u tome, da tvoj napredak bude očigledan svima" (Prva Timoteju 4,15). Zar to nije zanimljivo? Vaša zajednica treba da vidi napredak, a ne savršenstvo. Isus je već postigao savršenstvo. Crkva ne treba da se ugleda samo na nivo do kog ste uzrasli u Hristu, nego je jednako važno da se ugleda i na činjenicu da i dalje rastete.

Drugim rečima, crkva treba da vidi da evanđelje i dalje preobražava vaš život. Ovce treba da znaju da se i vi redovno kajete od greha. Treba da čuju kako u molitvi vapite za silom Isusovog vaskrsenja u svojoj duši. Treba da znaju da svakodnevno čitate Bibliju i molite se – ne zbog toga što ste supersvetac kog je crkva postavila na taj položaj, nego zato što ste shvatili da bez dnevnog obroka mane nećete imati dovoljno snage da se svaki dan oduprete iskušenjima ili da služite Gospodu.

Ako budete pružali uzor napretka koji zavisi od evanđelja, skrenućete pažnju članova crkve sa sebe i podići njihov pogled na Isusa, na onoga prema čijoj slici se preobražavamo.

Poglavlje 8

ZASTUPAJTE STADO U MOLITVI

U prethodnih sedam poglavlja istražili smo biblijski opis starešinskog posla. Saželi smo ga rekavši da je suština tog posla pastirsko staranje za crkvene članove radi uvećavanja njihove hristolike zrelosti. Mogli bismo da ga sažmemo i tako što bismo rekli da su starešine pozvane da se *pastirski staraju o pomesnoj crkvi poput Isusa*. Rad starešine sledi mnoge obrasce Isusovog služenja učenicima. Isus je poučavao Božijoj reči, a starešine nastavljaju da poučavaju iz nje; Isus je došao s neba da nađe i spase izgubljene, a starešine, slično tome, traže zalutale ovce, iako ih to ponekad košta; Isus savršeno otelotvoruje Božiju sliku, a starešine se trude da oponašaju Isusa kako bi mogli da budu uzori članovima crkve; starešine se pastirski staraju o crkvi poput Isusa tako što poučavaju, vode, traže zalutale, služe i pokazuju primer kao što je činio Isus.

Ali nešto smo zaboravili. Starešine treba da odražavaju i drugu „polovinu" Isusove službe. Biti pastir poput Isusa znači moliti se kao on:

> Ali glas o Isusu se sve više širio i silan narod je dolazio
> da ga čuje i da se izleči od svojih bolesti. A on se često
> povlačio na usamljena mesta i molio se (Luka 5,15-16).

Ti stihovi predstavljaju sažetak službe koju je Isus obavljao sve do svog stradanja. Prvi deo tog sažetka – Isusova javna služba – dobro nam je poznat jer mu je posvećen veći deo svih evanđelja. Isus je stalno poučavao, činio čuda i služio narodu.

Ali šta je s drugom polovinom sažetka, s onim delom koji kaže da se Isus „često povlačio" u samoću da se moli? O toj strani njegove službe znamo mnogo manje, pre svega zbog toga što pisci evanđelja nisu toliko podrobno opisali njegov molitveni život. Ali ako obratimo pažnju, uspećemo da ulovimo tračke ove nedovoljno opisane, ali važne strane Isusove službe. Hajde da ostanemo u Lukinim spisima:

➤ Isus se molio prilikom svog krštenja; tada se nebo otvorilo, sišao je Duh, a Otac je progovorio (3,21-22).

➤ Isus je započeo naporan dan službe u Kafarnaumu tako što je otišao na pusto mesto, verovatno da se moli (4,42; up. 5,16).

➤ Pre nego što je izabrao dvanaest apostola, celu noć je proveo napolju, moleći se (6,12).

➤ Molio se privatno, sa svojim učenicima (9,18), pa je jednom prilikom čak poveo Petra, Jakova i Jovana na goru da se mole; tada su videli njegovo preobraženje (9,28).

➤ Isusov primer zastupanja u molitvi podstakao je učenike da ga zamole da ih nauči da se mole (11,1); tada im je dao Molitvu Gospodnju.

➤ Ispričao je poredbenu priču o upornoj udovici kako bi ih podstakao „da se mole i da ne posustaju" (18,1).

➤ Svega nekoliko sati pre nego što je raspet, Isus je preklinjući Oca savladao iskušenje u Getsimaniji (22,39-44).

➤ U Delima apostolskim – nastavku Evanđelja po Luki – apostoli su se „istrajno i jednodušno molili" nakon Isusovog odlaska (1,14).

> Kad se crkva rodila i počela brojčano da raste, apostoli su otkrili da im staranje za praktične potrebe zajednice oduzima vreme za molitvu. Zato su predložili da se postavi sedam ljudi koji će se starati za sve veće upravne potrebe zajednice (6,1-3). Šta su apostoli učinili s povraćenim vremenom i snagom? Rekli su: „[...] mi ćemo se posvetiti molitvi i služenju Reči" (st. 4). Apostoli su nastavili da sprovode Isusov obrazac – dvostranu službu propovedanja i molitve.

Da li vam je čudno što su apostoli – pa čak i Gospod Isus – svesno posvećivali toliko svoje snage molitvi? Da li je razgovor s Ocem odlika vašeg života i službe kao što je to bilo kod Isusa i apostolâ?

ŽIVOT OD MOLITVE

Na molitvu ne treba da nas podstiče samo obrazac Isusovog ličnog zajedništva s Ocem, nego i zahtevna priroda samog pastirskog rada. Pastirska služba će vas dovesti na kolena, bilo ovako, bilo onako.

Nadam se da do sada već osećate zdravu strepnju na pomisao da ćete biti nadglednik zajednice. Taj posao može da bude veoma zahtevan. Poučavanje, obučavanje, prekorevanje, traženje i predvođenje ljudi zahteva značajnu količinu vremena i može da vam iscrpi dušu. I koliko god pastirskog posla obavili, uvek se može uraditi još. Starešina uvek može da obavi još jedan telefonski razgovor, da poučava još jednog Isusovog učenika ili da pozove još nekoga na ručak. Kada pastir može da kaže da je posao *gotov*?

Nije ni čudo što se starešine lako vraćaju ustrojstvu upravnog odbora. Mnogo je lakše sedeti nekoliko sati oko stola, raspravljati o nekoliko pravilnika i glasati. Posao je „gotov" kad se sastanak završi. Ali kad se bacite na pastirsko služenje ljudima, suočavate se s ograničenjima svog vremena, snage, znanja i darova, bez obzira na to da li ste plaćeni ili dobrovoljni pastir. Nadam se da vas to podstiče da zavapite Bogu za pomoć. Starešini molitva nije samo dužnost, nego i ključna strategija opstanka.

Ali starešine ne treba da se mole samo zbog obima posla, nego i zbog njegovog cilja. U Poglavlju 2 smo videli da je starešinama cilj da odgajaju članove crkve kako bi ovi sve više sazrevali u Hristu, ali da ipak nemaju moć da nekoga primoraju na duhovni napredak. Nadglednici mogu da poučavaju iz Biblije, ali ne mogu da primoraju ljude da joj budu svesrdno poslušni. Starešina može da podstakne zavađene članove crkve da se pomire, ali ne može da natera jednu stranu da oprosti drugoj. Bog je starešinama postavio cilj koji jedino on sâm može da ostvari. Zato je Pavle ovako rekao korintskoj crkvi, koja je slavila svoje pastire: „Ja sam posadio, Apolos zalio, ali Bog je dao da izraste. Tako nije važan onaj koji sadi ni onaj koji zaliva, nego Bog, koji daje da izraste" (Prva Korinćanima 3,6-7).

Sve bi to trebalo da nas podstiče da molimo Boga da svojom silom učini da nam zajednica raste. Mi možemo poput Ilije da popravimo žrtvenik i da pripremimo žrtvu, ali Bog mora da pošalje vatru svog Duha u srca i živote ljudi (vidite Prvu o carevima 18,30-39).

Ako zahtevan obim i ljudski nedostižna merila uspeha starešinskog posla nisu dovoljni da podstaknu starešinu da preklinje nebo za pomoć, onda bi to trebalo da postigne jedan pogled u ogledalo. Svaki starešina koji ima samo gram samosvesti zna da njegove sklonosti ka grehu mogu da mu unište službu. Kad otvori Bibliju, videće odraz svog srca u Avraamovim lažima, Davidovoj požudi, Ilijinom očajanju, Ezekijinom ponosu i Petrovoj izdaji. A ako ni to nije dovoljno, pročitaće da postoji lav koji ide unaokolo tražeći jagnje koje bi mogao da proždere (Prva Petrova 5,8). Kad starešina shvati da je i sâm žedna, ranjena, zalutala i gonjena ovca, pohrliće da potraži pomoć Dobrog pastira.

Da, Isusov primer podstiče starešine da se mole, ali bi i zahtevi pastirske službe i naši nedostaci trebalo da nas podstiču da molimo Isusa da učini nemoguće. Nadglednici se ne mole samo da bi vršili pastirsku službu poput Isusa, nego i zbog toga što im je Isus potreban da se pastirski stara kroz njih i za njih. Služba starešine živi od molitve.

MOLITVENI ŽIVOT

Kako izgleda starešinska služba koja je natopljena molitvom? Kako starešine nadahnute Isusovim primerom i očajne zbog svojih odgovornosti povećavaju obim svoje molitve?

Trudite se da ne smatrate molitvu dodatnom delatnošću koju uguravate u već prepun raspored, nego operativnim sistemom na kom rade sve starešinske aplikacije. Pavle je rekao: „Neprestano se molite" (Prva Solunjanima 5,17). Molitva je najbolja kad predstavlja usmeno prelivanje postojanog uzdanja u Boga. Ona – poput karaktera – treba da prožima sve što starešina radi i da bude svojevrsno duhovno disanje koje uvodi život Duha u naš život i rad.

Slede četiri moguća pristupa za upredanje zastupničke molitve u tkaninu starešinskog rada.

Javna molitva

Trudite se da na crkvenim skupovima upotrebite svaku priliku u kojoj nešto vodite kao povod da se pomolite. Budite lovac na prilike za molitvu. Bilo da služite Gospodnju večeru, poučavate u nedeljnoj školi za odrasle, govorite na obuci za službu ili vodite crkveno bogosluženje, iskoristite vlast koju u tom trenutku imate da se pomolite za okupljene ljude. Kad sa drugim crkvenim članovima rešavate bilo kakav problem, vi budite čovek koji će reći: „Možda bi trebalo da zastanemo i da zamolimo Boga za pomoć." Ako u svojoj zajednici upitate bilo koji skup da li možete da se pomolite, niko se *nikad* neće usprotiviti.

Ako budete tako uvodili zastupničku molitvu na javne skupove, to će vam – pored vrednosti same molitve – pružiti i priliku da ljudima pokažete primer i tako ih učite kako da se mole. Stoga se tokom molitve za prisutne članove trudite da pokažete usrdnu, ali uravnoteženu molitvu. Pazite da se ne molite samo za pojedinačne potrebe u zajednici, nego i za druge crkve i za osnivanje novih crkava u vašoj oblasti. Nemojte da se molite samo za predstojeće izbore u svojoj zemlji, nego i za napredak evanđelja u celom svetu. Molite se za nasušni hleb, ali ne zaboravite da molite za dolazak Božijeg carstva i za ispunjenje Božije volje. I trudite se da započnete svoje molitve onako kako počinje većina molitava u Bibliji – uzvisujući Božiji karakter i dela: „[...] neka je sveto ime tvoje" (Matej 6,9). Ljudi će se po Božijoj milosti ugledati na vaše molitve kao što se i vi ugledate na biblijske molitvene obrasce.

Kada se molite u javnosti, ne pokazujete samo primer kako se moliti, nego i stav zavisnosti od Boga. Ako duhovni vođa kaže: „Treba nam Božija pomoć", to predstavlja moćnu poruku za sledbenike. Javna molitva u kojoj vođa pokazuje zavisnost od Boga predstavlja još jedan način da se vodi bez gospodarenja.

Dok sam bio na teološkom fakultetu, jedan od profesora mi je bio Meredit Klajn. Već je bio pred penzijom kad sam krenuo na njegova predavanja. Dr Klajn je bio cenjen zbog stručnosti iz oblasti biblijske teologije. On se s velikim žarom trudio da razume i objasni sklop celokupne biblijske priče. Ali na mene nije uticao samo dr Klajnov sveobuhvatni teološki pristup, koji mi je pomogao da čitam Bibliju kao celinu, nego su na mene uticale i njegove molitve.

Svako predavanje je započinjao molitvom. Imao je suv, hrapav i pomalo tih glas, neprikladan za javnu molitvu, a izgovarao je *duge* molitve. Dr Klajn bi se često molio po deset minuta i duže, ali njegovi razgovori s Bogom su zaista prikivali moju pažnju. Dok se molio, bilo je kao da pretvara svoje ogromno poznavanje Biblije i teologije u divljenje Bogu i slavljenje Boga. Video sam kako se veliki um unizuje pred Božijom veličinom i kako uživa u širini i dužini Božijeg spasonosnog dela u Hristu. Taj maleni starac je doticao moje srce iz predavanja u predavanje i u meni budio želju da upoznam Boga kao on i da s njim tako razgovaram. Koristio je svoj javni položaj kao priliku za javnu molitvu i na taj način snažno uticao na život svojih studenata.

Malobrojne su starešine i pastiri koji imaju akademsku dubinu kao dr Klajn, ali crkveni nadglednici imaju javne položaje koji mogu pobožno da se iskoriste za usrdnu, biblijsku molitvu. A za to vam nije potreban doktorat.

Prezviterska molitva

Neka molitva bude sastavni deo vašeg „prezviterskog sastanka" (*prezviter* je grčka reč za starešinu). Vreme je da prerastete puko „otvaranje" i „zatvaranje" sastanka u molitvi. Kad god se sastanete, odvojte vreme za duže zastupničke molitve. U stvari, nek vam to bude prva tačka dnevnog reda.

Osim toga, budite slobodni da se spontano pomolite u bilo kom delu sastanka. Sviđa mi se kako je Bob to radio na našim starešinskim sastancima. Povremeno smo morali da raspravljamo o teškim temama, poput situacije nekog člana koja nam razdire srce ili teške odluke koja se mora doneti, a ne radi se o crno-belom pitanju. Bob bi često podigao ruku i rekao: „Možemo li načas da zastanemo i da se pomolimo za to?" Donošenje teških odluka je jedna od onih aplikacija koje sam već spominjao, a molitva u kojoj se oslanjamo na Boga je njen operativni sistem.

Sistematska molitva po spisku članova crkve predstavlja jednostavan način da preobrazite i svoje starešinske sastanke i svoje sadrugove starešine. Ako se budete tako molili, vaši članovi će primiti blagoslove koji potiču od zastupničke molitve, a vi i druge starešine ćete iznova usmeriti svoju pažnju na članove crkve, a ne na ustrojstvo crkvenog života. Starešinama će verovatno biti draže da se mole za članove nego da raspravljaju o tome koliko novca potrošiti na nov sistem za grejanje ili o tome da li da dozvole gradskom vrtlarskom klubu da održi neki događaj u crkvenim prostorijama.

Evo kako su starešine u mojoj crkvi sve to objedinile. Ovo izlažem kao jedan od mogućih molitvenih rasporeda za vaše starešinske sastanke, ali on svakako nije ni jedini ni najbolji. Naše starešine se zvanično okupljaju dvaput mesečno. „Molitveni" sastanak imamo prvog utorka, a „poslovni" sastanak trećeg utorka u mesecu. Trudimo se da se molimo i na poslovnim sastancima, ali ne toliko opširno.

Na molitvenim sastancima razgovaramo o potrebama u crkvi, uključujući i potrebe nas starešina, a zatim se tokom preostalog vremena molimo za te potrebe i za deo članova crkve sa spiska. Starešinski molitveni sastanak nam je verovatno jedna od najomiljenijih crkvenih aktivnosti svih vremena.

Jedna završna misao: razmislite o tome da pozovete svoje sadrugove starešine da odvoje posebna razdoblja za molitvu, pa čak i za post. Ponekad smo u prilikama kad se naše starešine suoče s teškim trenucima crkvenog života odvajali celu sedmicu za post i molitvu. Obično različitim starešinama dodelimo različite dane za molitvu i tako pokrijemo celu sedmicu. Treba to da radimo češće.

Lična molitva

Pod ličnom molitvom ne podrazumevam samostalnu molitvu (o njoj ćemo govoriti u sledećem podnaslovu, koji glasi Privatna molitva), nego mislim na ličnu molitvu s članovima crkve.

Ponavljam, ova molitva nije samo još jedna aktivnost koju dodajete na spisak svojih starešinskih obaveza, nego treba da bude sastavni deo vašeg redovnog pastirskog rada. Kad god razgovarate s nekim članom crkve, gledajte da se pomolite s njim na licu mesta. Uzdignite Bogu sve o čemu ste razgovarali, bez obzira na to da li ste s nekim na kafi ili razgovarate uz večeru u vašem domu. Čak i kad nakon nedeljnog bogosluženja stojite u vrevi crkvenog predvorja i neki član crkve podeli s vama neku brigu ili iskušenje, potrudite se da zastanete i da upitate: „Mogu li odmah da se pomolim za to?" To mi niko nikad nije odbio.

Osim toga, razmislite o tome kako bi vaš starešinski odbor mogao da sprovodi Jakova 5,14-15:

Ako je neko od vas bolestan, neka pozove k sebi starešine crkve, a oni neka se pomole nad njim i pomažu ga uljem u ime Gospoda, i molitva vere izlečiće bolesnika – Gospod će ga podići. Ako je zgrešio, biće mu oprošteno.

Ovi stihovi nameću mnogo zanimljivih pitanja: Da li mora da se koristi ulje? Koji je odnos između bolesti i greha? Kako je starešinska molitva za bolesnika povezana s oproštenjem? Ovde mi nije cilj da podrobno protumačim ove stihove, nego samo želim da postavim sledeće pitanje: „Da li se vi i vaši sadrugovi starešine molite za bolesne u skladu s Jakovljevim rečima?"

Naše starešine su uvele ovaj običaj i mnogi su rekli da im je to jedna od omiljenih delatnosti starešinske službe. Videli smo Boga na delu. Ponekad je bolesnim članovima davao privremeno olakšanje, a u nekim slučajevima bismo rekli da im je podario čudesna isceljenja zbog kojih se onkolozi zbunjeno češu po glavi. Što se tiče ostalih slučajeva, nisam siguran da li je Bog uopšte isceljivao telo, ali znam da je bolesni član doživeo duhovno okrepljenje i volju da se dalje bori. Dok ovo pišem, moj otac se bori s rakom. On i moja majka su članovi naše zajednice. Zamolili su starešine za molitvu i starešine su došle i molile se za njega. Još ne znamo da li će Bog uslišiti molitvu za njegovo isceljenje, ali mogu da kažem da je taj događaj kad je desetak pobožnih ljudi izlivalo svoja srca Bogu u dnevnoj sobi mojih roditelja moleći se za mamu i tatu bio veoma dirljiv i za moje roditelje i za te starešine.

Privatna molitva

I poslednje, obavezno odvojte vreme za privatnu zastupničku molitvu i za zajedništvo s Bogom. Nadam se da vam je potreba da se kao starešina privatno molite do sada već nedvosmisleno jasna. Ako sami ne budete živeli u bliskosti s Gospodom, odlutaćete s puta i možda ćete sa sobom odvući i ovce.

Svesno uvrstite privatnu molitvu u svoj život. Svakog dana nekako odvojte vreme i mesto za molitvu. Molite se dok putujete na posao, dok šetate psa ili dok obavljate neku obavezu. Nosite sa sobom spisak članova i u slobodnim trenucima spomenite svaku osobu pred Bogom.

Privatna molitva i zajedništvo s Isusom posredstvom njegove Reči verovatno spadaju u najzapostavljenije navike među pastirima, a ironija je u tome što su to verovatno najvažniji činioci naše duhovne vitalnosti u životu i službi. Šta bi se dogodilo u našim pomesnim stadima kad bi se Isusovi potpastiri posvetili molitvi kao što su posvećeni budžetima, imejlovima i pravilnicima?

PRIDRUŽITE SE MOLITVENOM SASTANKU

Započeli smo ovo poglavlje razmišljajući o Isusovom molitvenom životu. Molitva je natapala i pokretala njegovu javnu službu, a starešine treba da prouče njegov (i apostolski) uzor i da se trude da ga oponašaju. Ali treba da imamo na umu još jednu stranu Isusove molitvene službe: Isus se i dalje moli.

Isus je živ i sedi zdesna Ocu, posredujući za svoj narod kao naš prvosveštenik (Rimljanima 8,34; Jevrejima 7,25). On je naš zastupnik, on izlaže našu odbranu pred Ocem (Prva Jovanova 2,1). Svega nekoliko sati pre nego što je otišao na krst, Isus se molio da Otac zaštiti njegove učenike kako ne bi otpali kao Juda (Jovan 17,11-15). Božija milost i dalje čuva Božiji narod jer Isus razgovara s Ocem i zastupa nas.

To znači da se starešine, osim što se ugledaju na Isusa kad se mole za svoje crkve, zapravo istovremeno pridružuju Isusu u molitvi. Potpastiri udružuju svoje glasove sa samim vrhovnim pastirom moleći Oca da štiti ovce i da ih bezbedno dovede kući.

ZAKLJUČAK

Večni značaj pastirske službe

Velika je čast i odgovornost biti starešina u pomesnoj crkvi jer ta služba ima večni značaj. Taj posao je zastrašujuć, a ponekad nam se čini čak i nemogućim, ali ipak je vredan svakog ulaganja, jer se zapravo starate za Božiji narod koji je otkupljen krvlju i radite za njegovo dobro i za Božiju večnu slavu.

Stoga molim svoje sadrugove starešine i one koji to žele da postanu: dozvolite da vam na kraju uputim dve završne misli o večnom značaju pastirske službe. Jedna predstavlja upozorenje, a druga obećanje. Prvo sledi upozorenje: *Dobro vršite pastirsku službu jer ćete polagati račun.* Setite se reči koje smo proučavali iz Poslanice Jevrejima:

> Slušajte svoje vođe i pokoravajte im se. Oni bde nad vašim dušama kao oni koji će polagati račun. Slušajte ih, da bi oni to činili s radošću, a ne uzdišući, jer vam to ne bi bilo od koristi (Jevrejima 13,17).

Ovaj tekst prvenstveno upozorava crkvene članove, ali sadrži i upozorenje za nadglednike. Starešine bde kao oni „koji će polagati račun." Crkva pripada Isusu, jer on je otkupio ovce, a starešine su staratelji koji se brinu o onima koji su im povereni (Prva Petrova 5,3). Pastiri će odgovarati samom vlasniku i podneće račun o tome kako su postupali sa stadom. Odgovaraćemo Mladoženji kako smo se ophodili prema njegovoj mladoj. Da li poučavamo crkvu njegovoj istini – celoj istini i ničemu sem istini? Da li volimo njegove ovce kao što ih on voli? Da li smo nasilni ili ponizni? Da li upućujemo svoju braću i sestre ka Isusu ili ih spotičemo dok se trude da ga slede?

Ali postoji i večno obećanje: *Dobro vršite pastirsku službu jer ćete steći venac.* Petar je prvo upozorio svoje sadrugove starešine da ponizno vrše pastirsku službu i da budu uzori stadu, a zatim je izneo sledeće obećanje: „A kada se pojavi Vrhovni pastir, primićete venac slave, koji ne vene" (Prva Petrova 5,4).

Mnogo toga na čemu svake sedmice radimo i o čemu brinemo zapravo je bljutavo. Propovednik nas podseća da su naši napori i postignuća u stvari isprazni i da stičemo i gradimo samo da bismo to ostavili drugima. Ali nagrada za plodnu pastirsku službu nikad se ne kvari. Šta još radite svake sedmice, a da obećava venac koji ne vene?

Braćo, dok razmišljate šta znači biti starešina i dok računate cenu, ne zaboravite da uračunate i večnu slavu koja čeka dobre i verne sluge.

Probudiće se mnoštva onih koji spavaju u zemaljskom prahu – jedni za večni život, a drugi za sramotu i večni prezir. Mudri će sijati kao sjaj nebesa, a oni koji mnoge dovode pravednosti kao zvezde – zauvek i doveka (Danilo 12,2-3).

PRILAGOĐENA IMENA

Anjabvile, Tabiti	Thabiti Anyabwile
Beg, Alister	Alistair Begg
Boston	Boston
Daram	Durham
Dever, Mark	Mark Dever
Dženifer	Jennifer
Džejmison, Bobi	Bobby Jamieson
Džonson, Endi	Andy Johnson
Džonson, Vilijam	William Johnson
Grir, Džej Di	J. D. Greear
Grudem, Vejn	Wayne Grudem
Helm, Dejvid	David Helm
Hinam	Hingham
Ilinoj	IL
Kingsford	Kingsford
Klajn, Meredit	Meredith Kline
Klivlend	Cleveland
Kolorado	CO
Kolorado Springs	Colorado Springs
Las Vegas	Las Vegas

Liman, Džonatan	Jonathan Leeman
Litlton	Littleton
Lorens, Majkl	Michael Lawrence
Maršal, Kolin	Colin Marshall
Masačusets	Massachusetts
Midlton Springs	Middletown Springs
Nevada	Nevada
Novi Južni Vels	NSW
Ohajo	Ohio
Onvučekva, Džon	John Onwuchekwa
Ortlund, Rej	Ray Ortlund
Pejn, Toni	Tony Payne
Rini, Džerami	Jeramie Rinne
Roark, Nik	Nick Roark
Severna Karolina	North Carolina
Simion, Čarls	Charles Simeon
Stils, Mak	J. Mack Stiles
Strauh, Aleksander	Alexander Strauch
Vašington	Washington, DC
Vermont	Vermont
Vilson, Džared	Jared C. Wilson
Viton	Wheaton

OPŠTI INDEKS

BIBLIJSKI INDEKS

 **9Marks**

Izgradnja zdravih crkava

DA LI VAM JE CRKVA ZDRAVA?

Služba 9Marks oprema crkvene vođe prenoseći im biblijsku viziju
i pružajući im praktična sredstva kako bi njihove zdrave
crkve pokazivale narodima Božiju slavu.

Radi toga nam je cilj da pomognemo crkvama da razviju devet zdravih, ali često zanemarenih odlika:

① Ekspozicijsko propovedanje
② Nauka utemeljena na evanđelju
③ Biblijsko shvatanje obraćenja i evangelizacije
④ Biblijsko crkveno članstvo
⑤ Biblijsku crkvenu stegu
⑥ Biblijski pristup učeništvu i rastu
⑦ Biblijsko crkveno vođstvo
⑧ Biblijsko shvatanje i praktikovanje molitve
⑨ Biblijsko shvatanje i praktikovanje misije

Služba *9Marks* piše članke, knjige, prikaze knjiga i internet časopis. Organizujemo konferencije, snimamo intervjue i proizvodimo druga sredstva kako bismo opremili crkve za pokazivanje Božije slave.

Posetite naš veb-sajt, gde možete pronaći sadržaje na više od četrdeset jezika i prijaviti se za primanje našeg besplatnog internet časopisa. Na sledećoj adresi se nalazi potpuni spisak naših sajtova na drugim jezicima: 9marks.org/about/international-efforts/.

9Marks.org

9 MARKS:
NIZ KNJIGA „IZGRADNJA ZDRAVIH CRKAVA"

Urednici niza: Mark Dever i Džonatan Liman

Ovaj niz knjiga službe *9Marks* sadrži devet kratkih, čitljivih knjiga o svakoj od odlika koje je pastir Mark Dever obradio u svom bestseleru *Devet odlika zdrave crkve*, i uz to još nekoliko drugih knjiga.

Ove knjige su sažete i korisne za lično ili grupno proučavanje, a pomoći će vam da shvatite čemu nas Biblija uči o pomesnoj crkvi i o izgradnji zdrave zajednice.

Ekspozicijsko propovedanje: Savremeno izlaganje Božije reči, Dejvid Helm

Zdrava nauka: Rast crkve u Božijoj ljubavi i Božijoj svetosti, Bobi Džejmison

Evanđelje: Kako crkva odražava Hristovu lepotu, Rej Ortlund

Evangelizacija: Kako cela crkva govori o Isusu, Mak Stils

Crkveno članstvo: Kako svet zna ko predstavlja Isusa, Džonatan Liman

Crkvena stega: Kako crkva štiti Isusovo ime, Džonatan Liman

Crkvene starešine: Kako biti pastir poput Isusa, Džerami Rini

Obraćenje: Kako Bog stvara narod, Majkl Lorens

Biblijska teologija: Kako crkva verno poučava evanđelju, Nik Roark

Učeništvo: Kako pomoći drugima da idu za Isusom, Mark Dever

Molitva: Kako zajednička molitva oblikuje crkvu, Džon Onvučekva

Misija: Vaseljenska služba pomesne crkve, Endi Džonson

PONOVNO OTKRIVANJE CRKVE

Zašto je Hristovo telo suštinski važno

" " Hrišćanin bez crkve je hrišćanin u nevolji.". Otkako su se usled globalne pandemije crkve iznenada zatvorile, mnogi hrišćani su zanemarili crkveni život, a nisu se uključivali ni na virtualne sastanke. Međutim, ta tendencija postojala je i pre kovida 19. Zbog gorućih pitanja, poput političkih i rasnih neslaganja, neki ljudi povukli su se iz crkve i otuđili jedni od drugih. Sada je vreme da se ponovo posvetimo sastancima sa braćom i sestrama u Hristu.

U knjizi *Ponovno otkrivanje crkve* Kolin Hansen i Džonatan Liman pišu zašto je crkva suštinski važna, kako za vernike, tako i za čitavu Božiju misiju. Kroz biblijske odlomke i lične priče čitaocima pokazuju zašto je Bog naumio da se okupljamo: kako bi se članovi duhovno osnažili, i kao pojedinci i kao Hristovo telo. U doba kada smo izbirljivi po pitanju crkava i kada se službe prenose preko interneta, ponovo otkrijte zašto budućnost crkve zavisi od toga da li se njeni članovi redovno okupljaju kao Božija porodica.

„Hansen i Liman pružili su nam logičko, biblijsko i osnovno razumevanje uloge crkve u životu svakog hrišćanina. Teško je zamisliti da ijedan hrišćanin bez crkve može da sazreva u Hristu i neprekidno živi evanđelje."

MIGEL NUNEZ, Pastor Internacionalne baptističke crkve u Santo Domingu u Dominikanskoj Republici

KOLIN HANSEN (Mr, teološki fakultet *Trinity Evangelical Divinity School*) radi kao urednik sadržaja i glavni urednik u organizaciji *The Gospel Coalition*. Služi kao starešina u crkvi *Redeemer Community Church* u Birmingemu u Alabami i član je savetodavnog odbora teološkog fakulteta *Beeson Divinity School*.

DŽONATAN LIMAN (Dr, Univerzitet u Velsu) radi kao glavni urednik u organizaciji *9Marks* i jedan je od voditelja podkasta pod nazivom *Pastors' Talk*. Napisao je i uredio više od dvanaest knjiga i predaje na nekoliko teoloških fakulteta.

EKSPOZICIJSKO PROPOVEDANJE

Savremeno izlaganje Božije reči

P astir Dejvid Helm u ovoj pristupačnoj knjizi koja je napisana za propovednike i za ljude koji se uče propovedanju izlaže šta neko treba da veruje i da postigne kako bi postao veran ekspozicijski propovednik Božije reči.

Ova kratka knjiga propovednicima pruža praktična uputstva i vodi ih korak po korak, a sve može da nas nauči kako kao slušaoci da prepoznamo dobru propoved.

„Dejvid Helm je napisao najupotrebljiviju, najsažetiju i najkorisniju knjigu o ekspozicijskom propovedanju koju sam ikad pročitao." (**Met Čendler,** vodeći pastir crkve *The Village Church* iz Dalasa u Teksasu)

„Kad bih držao predavanja o propovedanju i kad bih studentima morao da zadam samo jednu knjigu, ova knjiga bi došla u obzir. Retko se pronalaze knjige koje istovremeno uvode početnike u temu i poučavaju iskusne." (**Mark Dever,** vodeći pastir crkve *Capitol Hill Baptist Church* u Vašingtonu)

„Helm nam je pružio fino skovanu i krajnje ubedljivu pouku o tome šta treba da razumemo i da radimo kako bismo verno propovedali Reč. Ovo je važna knjiga." (**R. Kent Hjuz,** nekadašnji vodeći pastir crkve *College Church* iz Vitona u Ilinoju)

Dejvid R. Helm je magistrirao teologiju na teološkom fakultetu Gordon-Konvel (*Gordon-Conwell Theological Seminary*). On služi kao vodeći pastir crkve Svete Trojice (*Holy Trinity Church*) u Čikagu i kao predsednik odbora Zadužbine Čarlsa Simiona (*The Charles Simeon Trust*), koja pruža praktična uputstva za propovedanje. Helm je jedan od pisaca knjige *Preach the Word: Essays on Expository Preaching* (Propovedaj Reč: eseji o ekspozicijskom propovedanju, prim. prev.) i pisac knjige *The Big Picture Story Bible* (Biblijska priča krupnim potezima, prim. prev.) i komentara *1 Peter, 2 Peter, and Jude* (Prva Petrova poslanica, Druga Petrova poslanica i Judina poslanica, prim. prev.) u nizu komentara *Preaching the Word* (Propovedanje Reči, prim. prev.) izdavačke kuće *Crossway*.

*Ova knjiga pripada nizu Devet odlika: Izgradnja zdravih crkava.

EVANĐELJE

Kako crkva odražava Hristovu lepotu

E vanđelje je teološka poruka koja stvara ljudsku lepotu – divne međuljudske odnose u našim crkvama – i tako čini da Hristova slava bude vidljiva u današnjem svetu. Pastir Rej Ortlund u ovoj pravovremeno napisanoj knjizi obrazlaže tvrdnju da nauka o evanđelju stvara evanđeosku kulturu. Evanđeoska kultura je deo koji nedostaje slici u prevelikom broju naših crkava, ali kad se evanđelju dozvoli da oslobodi svu svoju silu, pomesna crkva počinje da zrači Hristovom slavom.

„Ova knjiga je uverljiva, ubedljiva, ohrabrujuća, ispitujuća i, iznad svega, očaravajuća. Kakva divna vizija o tome šta crkva može da bude kroz silu evanđelja.“

Tomas Šrajner, profesor tumačenja Novog zaveta sa zvanjem Džejms Bjukenan Harison na Teološkom fakultetu južnih baptista (*The Southern Baptist Theological Seminary*)

„Ortlund upreda duboko teološko promišljanje o tome kako nauka o evanđelju treba da stvori evanđeosku kulturu s izabranim citatima velikih svetaca iz crkvene istorije. Ovo je obavezno štivo za svaku crkvu koja neće da spreči izgubljene da osete Hristovu privlačnost, nego u tome hoće da im pomogne.“

Krejg Blomberg, istaknuti profesor Novog zaveta na Teološkom fakultetu u Denveru (*Denver Seminary*)

„Ortlund u ovoj britkoj knjizi ubedljivo povezuje životodavno evanđelje sa životom i svedočanstvom crkve.“

Stefen Um, stariji služitelj prezbiterijanske crkve Gradski život (*Citylife Presbyterian Church*) iz Bostona u Masačusetsu

Ova knjiga pripada nizu Devet odlika: Izgradnja zdravih crkava.

DEVET ODLIKA ZDRAVE CRKVE

" Ova knjiga je uticala na moje shvatanje crkve više nego bilo koja druga."

DEJVID PLAT

Možda ste čitali knjige na ovu temu, ali sigurno niste čitali nijednu poput ove. Umesto priručnika s uputstvima za rast crkve, ova klasična knjiga nudi proverena i istinita načela za procenu zdravlja vaše crkve sa stanovišta Svetog pisma. Bilo da ste pastir, vođa neke službe ili predani član svoje zajednice, proučavanje devet odlika zdrave crkve će vam pomoći u negovanju novog života i dobrostanja u vašoj crkvi – za Božiju slavu i za dobrostanje njegovog naroda. Ovaj klasični vodič sada sadrži i novi uvod, ilustracije i dodatke, a glavni deo knjige je dopunjen.

„Budite oprezni s delom koje upravo držite u rukama – moglo bi se desiti da promeni vaš život i službu."

DON KARSON

„Jedna od najboljih, najčitljivijih i najkorisnijih knjiga o uvođenju crkve u duhovne promene."

FILIP GREJAM RAJKEN

„Malobrojni su savremeni ljudi koji su duže ili bolje od njega razmišljali o pitanju šta crkvu čini biblijskom i zdravom."

DŽON PAJPER

„Svi pastiri i svi koji se mole za reformaciju današnje crkve treba da uzmu ovo delo u ruke."

ALBERT MOLER

„Ovo delo je od ključnog značaja i veoma toplo ga preporučujem."

DŽON MAKARTUR

„Snažan i strastven poziv zajednicama da ozbiljno shvate svoju odgovornost."

TIMOTI DŽORDŽ

„Ovo je najbolja knjiga koju sam pročitao na ovu temu, a ova tema je od presudnog značaja."

ČARLS MAHEJNI

„Obavezna lektira za moje studente eklisiologije. Osim toga, ova knjiga je izuzetno podobna da je pastiri preporuče svojim zajednicama."

PEJDŽ PATERSON

„Biblijski recept za vernost."

LIGON DANKAN

BELEŠKE ČITAOCA

Beleške čitaoca

Beleške čitaoca

CIP - Каталогизација у публикацији
Библиотеке Матице српске, Нови Сад

27

РИНИ, Џерами
   Crkvene starešine : kako biti pastir poput Isusa / Džerami Rini ;
[prevod Matej Delač]. - Titel : Hrišćansko udruženje Projekat Timotej,
2021 (Novi Sad : Spirit). - 128 str. ; 21 cm

Prevod dela: Church elders / Jeramie Rinne. - Tiraž 300. - Registri.

9Marks ISBN 978-1-955768-40-5

а) Хришћанство

COBISS.SR-ID 46201097

www.ingramcontent.com/pod-product-compliance
Lightning Source LLC
Chambersburg PA
CBHW071157120626
46546CB00006B/2303

* 9 7 8 1 9 5 5 7 6 8 4 0 5 *